OSER LA SAGESSE

Précédentes publications :

Alessandra, Nadejda, Sabrina. Ed. BoD, 2010
Pour Elle. Poèmes et autres textes. Ed. BoD, 2012
Mobilités. Etude comparative (Camus, Th. Gautier, L.F. Céline). Ed. BoD, 2014
Présence culturelle roumaine dans le Sud-Ouest aux XIXe et XXe siècles. Ed. BoD, 2016
Le défi artistique. Ed. BoD, 2020
Ecrire, un vrai plaisir ! Ed. BoD, 2021

JEAN-LUC NETTER

OSER LA SAGESSE

Vers la santé de l'âme
La joie de (re)devenir Soi

Essai
-
Petit abécédaire de la sagesse

PREAMBULE

Quiconque se soumet de bonne grâce à la nécessité est sage. Epictète

Si le thème de ce livre vous a interpellé - celui de la conquête du Soi à partir d'une intiation à la sagesse -, c'est que vous êtes interessé par le développement de votre propre personne, par une quête orientée vers le souhait de vous rapprocher d'un contexte de vie plus harmonieux, de vous sentir davantage en phase avec l'entourage. Avant de pouvoir accéder à ce qui est désiré, il est tout d'abord nécessaire, de s'informer sur l'objet (le bonheur, au sens large du terme) convoité, grâce à la mobilisation active de ses propres connaissances portant sur soi-même dans un premier temps, sur ses potentialités, sur ses motivations mais aussi sur ses douleurs/souffrances et sur toutes les portes de sortie qui conduisent vers une libération, vers une forme de sagesse, enfin vers la joie.

Il y a une toute première forme de sagesse dans le fait de prendre soin de soi, d'accompagner son devenir, de porter un regard bienveillant sur sa propre personne. C'est ce que l'on nomme l'amour de soi. Cette démarche, impliquant néanmoins une exigence totale, est réellement salutaire. Accessible à tous, cette attitude indulgente envers soi peut déboucher sur une toute nouvelle manière de se situer dans le monde, de ressentir et de relativiser les inévitables événements qui viennent impacter l'existence. Lorsque l'on évoque le concept de sagesse, s'en suivent bien souvent les notions de bonheur, de joie : on peut accéder à cette ultime émotion, à cet état, que si l'on porte un regard quasi philosophique, réflexif sur le contenu de ces deux éléments - bonheur et joie. La connaissance, l'information, la prise de conscience sont des prérequis essentiels à toute acquisition d'attitudes favorisant le bien-être. On peut jouer du piano, ou bien encore peindre honorablement un paysage sans avoir une connaissance préalable du solfège ou de la peinture ; cependant, pour ce qui est du domaine de l'expérimentation et/ou de la reconquête d'un mieux-vivre, il sera nécessaire de gagner, par un effort conscient, en liberté intérieure, d'assurer une *déliaison,* (terme utilisé par le philosophe Frédéric Lenoir), c'est-à-dire un dégagement envers tout ce qui a, jusqu'à présent, soutenu nos actions, nos désirs. Une autonomie affirmée sera également à développer en amont de la quête de sagesse, de joie et de bonheur, que l'on souhaite mener. Tout reste possible à celui * qui n'a pour but que l'apaisement de son âme, de son vécu existentiel. Certes, le paramètre *Temps* est à prendre en compte. Mais l'important reste ce désir orienté vers le but choisi.

La décision d'engager une réflexion personnelle sur le thème de la sagesse a trouvé son origine au sein d'un vaste tourbillon émotionnel auquel j'ai dû faire face lors de ces dernières années. Une sorte de crise intérieure souvent nommée : *la traversée de la nuit noire de l'âme*. Cette période de ma vie m'a contraint à trouver des ressources intérieures, à chercher de l'information, à me diriger vers la Connaissance (essentiellement de Soi) et surtout vers un questionnement personnel concernant mes réelles potentialités, mes souhaits, hors de toute *attente* de la part d'un entourage proche.

La notion de *nuit noire* remonte au XVIe siècle au travers d'un poème mystique écrit par Saint Jean de la Croix, ayant pour titre *Nuit obscure*. Il décrit l'importance de l'initiative divine dans l'ascension de l'âme vers Dieu, en s'appuyant sur l'état de nuit spirituelle.

Cette nuit noire ressemble à un effondrement du sens, perçu jusqu'alors, de sa propre vie. C'est une absence brutale de la raison d'exister, une perte significative soudaine de son potentiel original. Il s'agit en fait d'une période à franchir pour pouvoir accéder à un *ailleurs*, totalement inconnu. Dans l'apparente obscurité de cette nuit, se dessine l'occasion puissante d'un lâcher-prise à opérer, afin de revenir vers soi, d'être plus concient de son moi. Il s'agit fondamentalement d'une expérience de dissolution, d'une occasion d'éveil de la conscience, d'une (re)mise à jour de son capital intérieur.

Un effondrement des croyances, des liens tangibles qui organisaient notre vie jusqu'àlors, surgit et nous plonge dans le désarroi. Séparation brutale, deuil(s), déception personnelle importante peuvent précipiter ce chamboulement. Une toute autre réalité, une toute autre vérité vient faire surface. Elles deviennent quasiment inacceptables pour l'ego qui va entamer dès lors, un combat quelque peu perdu d'avance.

* L'utilisation du genre masculin tout au long de cet ouvrage a été retenue afin de faciliter la lecture et la compréhension et ne comporte aucune intention discriminatoire.

Car la solution du problème ne se situe pas là. Une prise de conscience de la fin d'un attachement (quelqu'il soit) peut favoriser l'ouverture de l'une des portes qu'il sera nécessaire d'ouvrir afin de pouvoir accéder partiellement ou en totalité, à la compréhension de la période traversée.

Me concernant, avais-je vécu une soudaine expérience mystique qui avait pu m'entrainer dans une transformation, un bouleversement du Moi ? Pas précisément. Cependant, derrière ce séïsme ou ce tsunami intérieur, j'ai eu tendance à assimiler le *choix* (l'avais-je eu véritablement ?) philosophique que j'avais retenu pour progresser, (celui qui me conduisit vers une approche de la notion de sagesse), comme un exercice de dépassement du moi partial, égocentrique ; un dépassement en vue d'atteindre un niveau de *Moi supérieur*, qui voit toutes choses dans une perspective d'universalité et prend conscience de lui-même comme étant une partie intégrante du cosmos. *Toute forme de spiritualité commence par un lâcher-prise*, écrit Anne Cheng [1] dans son livre *Histoire de la pensée chinoise*, à propos du Tao.

C'est dans cet état que je me suis inéluctablement retrouvé, à la suite de ressentis - très déstabilisants mais également très spirituellement élevés - venant s'installer au coeur de ma vie. Etat qui me fit penser à celui qu'avait évoqué l'écrivain Romain Rolland au cours d'un échange épistolaire avec Sigmund Freud [2]: la notion de *sentiment océanique* (elle sera précisée plus tard).

Il y a quelques années, j'avais développé, pour des raisons personnelles, une passion pour les différents patrimoines de la Roumanie, notamment ceux qui concernent les arts visuels, la musique, la littérature. Ce fut un plaisir immense de participer, en octobre 2010, à un colloque consacré à Albert Camus à l'université de Craiova et de présenter une étude personnelle sur la vie affective de l'écrivain-philosophe. La décision de retenir Camus par le département de littérature française reposait sur le fait qu'il avait déjà fait l'objet de très nombreuses études en Roumanie, élaborées par d'éminents spécialistes.

Mes choix de lecture, à ce moment-là de ma vie, s'orientaient vers des œuvres rédigées par des célèbres et non moins célèbres écrivains roumains lors des siècles précédents. Je découvris entre autres, l'existence et l'oeuvre de Panaït Istrati (mort en avril 1935, à Bucarest), qui utilisait la langue française pour rédiger ses écrits et par ailleurs, j'approfondissais mes connaissances en matière de découverte de la culture roumaine, à partir des ouvrages de Mircea Eliade, célèbre philosophe et romancier.

Concernant Istrati, les Roumains conservent de lui l'image d'un écrivain vagabond, vadrouilleur peut-être contrebandier. Joseph Kessel, dans une préface de l'un de ses ouvrages, s'exprima en termes très élogieux sur l'auteur. Après avoir fait de multiples métiers, Istrati se consacra à l'écriture.

Romancier fécond et conteur extraordinaire, Romain Rolland le surnommera le *Gorki des Balkans*. Une indéfectible passion de l'humain amenera Istrati vers la construction d'une solide amitié avec l'écrivain bourguignon, Prix Nobel de littérature en 1915. Exilé volontairement vers un pays qu'il chérissait (il maîtrisait parfaitement la langue française) tout comme de très nombreux intellectuels roumains de cette époque, Istrati se retrouva à Nice, en 1920, brisé physiquement et moralement, souffrant de solitude et d'une période de chômage qui n'arrêtait pas de s'éterniser. Romain Rolland viendra à son chevet à l'hôpital Saint Roch où le Roumain fit une tentative de suicide en mars 1921. Grâce à des lettres retrouvées dans ses poches, les services médicaux purent ainsi contacter R. Rolland. Dès sa sortie de l'hôpital, réconforté par l'écrivain français, Istrati reprendra goût à la vie.

C'est ainsi que je découvris d'une part Panaït Istrati, d'autre part le grand écrivain Romain Rolland dont je ne connaissais qu'une seule oeuvre, son célèbre roman *Jean-Christophe*. Peu de temps après, je découvris également la correspondance qu'il eut avec Sigmund Freud durant plus de dix années, de 1923 à 1936. Au fil des échanges, ils abordèrent des thèmes tels que la nature de la croyance et l'origine du sentiment religieux. Romain Rolland évoquera, dans une de ses célèbres lettres, ce ressenti appelé *sentiment océanique* : il paraît correspondre à une perception intime de la plénitude, de l'infini auquel nous serions liés. La notion en elle-même a un lien fort avec la naissance du Soi et du Monde.

Ainsi, je rapprochai mon aventure psychologique et spirituelle de celle que Romain Rolland évoqua en son temps, avec la notion de sentiment d'ouverture et d'unité ; une sorte d'état modifié de conscience, de réapparition d'affects, liés à des souvenirs de la petite enfance fit jour ; un vécu, ancré au sein d'un cadre global associant le corps et l'esprit, le corps et l'âme, prit sa place. Une dissolution du Moi, une mort mystique vint donc s'affirmer. Dès lors, il me faut préciser pour être complet, que quelques mois auparavant, ma mère avait changé de monde.

Cher Lecteur, je fais appel à toute votre indulgence concernant les erreurs orthographiques et syntaxiques qui seraient encore présentes dans cet ouvrage, malgré les différentes relectures effectuées. Je vous remercie.

INTRODUCTION

Lors du dernier projet d'écriture, je n'avais nulle intention de rédiger par la suite un ouvrage supplémentaire sur la notion de sagesse. Ce thème vint cependant m'interpeller. Il me fallut donc l'explorer, à travers la rédaction d'un essai ; essai que vous avez maintenant entre les mains.

Dans le préambule, j'ai fait part de la récente période de ma vie qui m'a conduit à la rédaction de cet essai. A vrai dire, il s'agit bien d'y voir là le point de départ d'un travail d'écriture couplé à un travail de développement personnel, dans le but d'y extraire une valeur ajoutée - une réflexion philosophique thérapeutique - qui permettra au lecteur concerné de (re)trouver la joie, la sérénité, le mieux-être. Il me fut nécessaire de comprendre, d'analyser la situation, d'entreprendre - avec différents outils de développement de soi - un travail d'introspection afin de parvenir à envisager une espérance en matière de guérison, une délivrance.

Ce fut le mot *joie* qui déclencha mon projet. Il m'interpellait plus qu'auparavant, depuis quelques années. Dès lors, je m'étais mis à l'explorer. Ainsi, je découvris dans une boutique Relay de la gare de Tarbes, en janvier 2021, un livre dont le titre mettait fortement en valeur le mot qui vint par la suite définir l'orientation, l'objectif, de ma future conduite à suivre. Je ne savais pas qu'à partir de la lecture de cet ouvrage puis de ses relectures partielles, un nouveau monde allait s'ouvrir devant moi : je cotôyais celui du développement personnel depuis plusieurs années mais c'est celui de la philosophie (notamment celle qui se veut accessible à tous) qui retint toute mon attention, qui m'apporta une forme de légéreté, de spiritualité à un degré supérieur.

Le Chemin emprunté peut sembler parfois difficile et long. Il exige surtout une ferme motivation, beaucoup d'assuiduité et assurément de la détermination. Se libérer de ce qui entrave notre liberté intérieure représente un des objectifs de vie les plus nobles, les plus réjouissants. Comprendre et agir pour cette libération s'apparente à s'engager dans une quête de sagesse enviable. Le philosophe Robert Misrahi, (3) décédé récemment en octobre 2023, propose dans son ouvrage *La jouissance d'être,* une définition toute simple de la sagesse : *elle désigne un mode d'existence et une conduite dirigés par la raison ; concrétement la conduite du sage est donc marquée par l'équilibre, l'harmonie et la sérénité.* Nous la retiendrons comme base de notre étude actuelle avant de la compléter plus tard notamment grâce à l'apport de ses travaux entrepris sur l'oeuvre de l'éminent philosophe néerlandais du XVIIe siècle, Baruch Spinoza.

Parvenu à ce stade du livre, une question reste indéniablement en suspens : est-il encore utile de réfléchir et d'écrire sur la sagesse à notre époque ? La sagesse a-t-elle encore le vent en poupe au XXIe siècle ? Adopter un mode de vie valorisant la vérité et la raison permettra-t-il à l'humain de se hisser vers ce désir universel qui est celui de vouloir instaurer dans sa vie un climat de sérénité, en lui-même et autour de lui-même ?

Compte tenu des injonctions, des consignes qui font toujours florès dans le quotidien notamment au sein du milieu familial et du contexte amical, il peut être intéressant de se pencher sur le sens caché ou relégué de certains mots, de certaines expressions courantes, afin d'explorer leurs significations originelles, sans toutefois considérer toutes les décontextualisations ou modifications sémantiques qui sont intervenues au fil du temps. La polysémie d'un mot reste néanmoins une propriété répandue. Ainsi, lorsqu'il est demandé à un enfant d'être *sage*, qu'attend-on réellement de lui ? Souvent qu'il se comporte de manière à ne pas entraver la vie des adultes qui l'entourent ou bien encore qu'il s'adapte à l'environnement proche, sans faire de vagues, sans se faire remarquer ; qu'il soit obéissant, poli, qu'il travaille bien à l'école ; qu'il maîtrise au mieux sa nature profonde au sein d'un contexte social (le plus souvent parental). S'il ne parvient pas à épouser ces attitudes, il peut planer sur lui la menace d'un retrait de l'amour ou toute autre sanction venant affecter toute sa sensibilité, son affectivité. Pourtant, l'enfant peut porter en lui un message, une sagesse. Il est essentiel de ne pas restreindre son individualité, sa grandeur, sa sagesse inérieure authentique. Mais que signifie réellement *être sage* ? Un dictionnaire ayant une bonne réputation, donne deux définitions concernant les adultes (a) et une seule en faveur des enfants (b) :

(a) : 1. qui fait preuve de sûreté dans ses jugements et sa conduite d'une part (avoir la réputation d'un homme sage) ; 2. qui est prudent, réfléchi, qui est conforme à la mesure, au bon sens, d'autre part (prendre des sages mesures).

(b) : qui se comporte avec calme, docilité. Un enfant sage.

Est-ce que ce type de comportement évoqué dans la dernière définition (qui implique une obéïssance à l'adulte sans réflexion, en s'en remettant totalement à son autorité et à son désir pour adopter une attitude docile) permettra à l'enfant, plus tradivement, de devenir pleinement adulte, d'appréhender la notion véritable de sagesse, au sein de son parcours singulier de vie ? Certes, le parent qui demande à son enfant d'être sage ne fait pas de rapprochement totalement conscient entre sa demande - contenant le qualificatif *sage* - et le concept philosophique de sagesse appliqué à la personne adulte ; à moins qu'un dialogue en amont de la demande parentale ait permis de préciser le sens précis de la notion tout comme celle du bonheur, par ailleurs. A ce propos, l'écrivain et philosophe Frédéric Lenoir qui anime des cours de philosophie à l'école maternelle, aborde ce registre[4]. En réponse à l'éternelle question en lien avec la philosophie et concernant entre autres la notion de bonheur, les enfants répondent le plus souvent ainsi : *une vie réussie c'est d'abord d'être heureux, c'est d'avoir fait ce qu'on avait envie de faire*. Puis, plus tard dans les échanges, arrive parfois la phrase : *avoir une vie réussie, c'est être heureux plus autre chose*. A partir de là, les notions d'éthique, de bonheur mais également de sagesse commencent ainsi à être évoquées par le philosophe.

De manière naturelle, l'enfant en bas âge exprime pourtant une certaine forme de sagesse. Son innocence, la spontanéité exprimée envers la vie, l'émerveillement, la liberté à l'égard du mental lui permettent de vivre des joies pures (l'apanage du sage !), sans que l'inquiétude ou le raisonnement viennent entraver le côté espiègle, naturel de son âme, de son petit enfant *intérieur*. Dès son plus jeune âge, l'enfant est donc mis en présence d'un qualicatif (sage) dont il intégrera très vite une signification assez restrictive et même quelque peu dévalorisante. Tout le contraire en fait de ce qui est contenu dans sa substance et dans la notion qui lui est associée, à savoir : la sagesse. Lorsque l'ego n'est pas encore fortement installé et que le mental ne vient pas trop bâillonner les initiatives, le futur adolescent accède davantage à son intuition, à son Soi qu'à son Moi ; ainsi, cette authentique sagesse - de l'enfance - existe pleinement ; cependant, elle n'est que rarement remarquée et reconnue par l'adulte qui ne retient souvent que le comportement expansif, parfois exubérant et débordant de l'enfant.

En définitive, nous côtoyons très rapidement après la naissance la notion de sagesse vraie. On associe rapidement au mot, l'attitude, la manière d'être qu'il faudra(it) développer ; afin surtout de satisfaire le monde extérieur. On la conseille, vivement et souvent à l'encontre du désir d'enfant. Plus tard, le monde intérieur de la personne ainsi devenue viendra de lui-même proposer la reprise de cette voie. Avec davantage d'authenticité, de justesse. Et pour satisfaire l'individu cette fois, pour qu'il trouve un apaisement souhaité par (et en) lui-même. Oui, il aurait été tellement plus simple de conserver cette sagesse enfantine et de vivre sans avoir à essayer de la retrouver, sous une forme ou une autre. Cette sagesse, cette joie liée à l'enfant que nous étions et que nous possédions pour la plus grande partie d'entre nous, il faudra donc se la réapproprier, sous la forme saine d'une enfance retrouvée ; en la faisant rejaillir de soi, grâce à cette notion d'*enfant intérieur* qu'il sera nécessaire d'interroger, de comprendre, d'élucider. Cette grande sagesse de l'enfance, évoquée par les maîtres taoïstes, inclut ces parts d'innocence, de spontanéité de la vie, de liberté, à l'égard du mental, de l'ego et de la joie pure. Puissions-nous retrouver cette attitude, ce tempérament sage, porteur d'une vie simple, au fil de notre quête vers le bonheur.

Le philosophe Bruno Giuliani (5) nous propose cette définition de la sagesse : *elle est puissance de l'esprit qui permet de gouverner la force des affections et de vivre dans la joie par la pratique des vertus.* Cet état est susceptible d'engendrer au fil du temps des marques bienfaitrices envers soi-même ; celles-ci viendront nourrir le chemin qui conduit vers la sagesse en se faisant assister par le contentement, par le consentement ; ces notions seront explorées dans les paragraphes suivants. Ce Chemin, qui reste le moins fréquenté, s'avère réellement profitable et devient source de joies. *L'effet de la sagesse, c'est une joie continue,* a écrit Sénèque dans les *Lettres à Lucilius.*

Cet ouvrage se veut dès lors être un guide pour tous ceux qui sont à la recherche de la lumière, qui conserve l'espérance tenace d'accéder à la guérison, sachant que l'épreuve traversée a toujours un sens au sein de sa propre vie. Elaboré à partir de mes propres découvertes et de mon vécu personnel, qu'il puisse apporter aux lecteurs un éclairage sur la nécessité d'accomplir un véritable travail sur soi en vue d'une quête de liberté intérieure qui, nourrie d'une sagesse élaborée, permettra d'approcher la joie et l'amour en soi (et de les diffuser autour de soi). Que cet ouvrage puisse également apporter des informations, des compréhensions, des conseils aux lecteurs dans le but de se trouver propulsé petit à petit vers un style de vie totalement différent de celui qui est vécu, suite à des prises de conscience effectuées sur le maintien d'un mode de vie devenu obsolète et par ailleurs, sur le cheminement envisageable à entreprendre afin d'approcher les notions de contentement, de joie d'exister, de joie de vivre, tout simplement. Quant à la bibliographie qui clôture le contenu de l'ouvrage rédigé par le philosophe [6] (celui qui rend accessible des notions fortement complexes), elle m'a permis d'accéder aux réflexions (à travers leurs écrits) de certains Penseurs concernant la joie, la sagesse mais également au sujet de la souffrance, des passions. J'espère qu'elle sera aussi bénéfique pour vous, chère Lectrice, cher Lecteur.

Enfin, il me faut préciser qu'il ne s'agit pas d'intervenir, auprès du lecteur, de manière péremptoire mais plutôt de l'interpeller dans son mode de vie, à partir d'une expérience vécue qui peut se voir comme un témoignage encourageant, pouvant conduire à une réflexion sur sa vie, si toutefois il résonne en lui ; l'apprentissage de la liberté intérieure reste l'objectif fondamental qu'une personne en quête devra(it) développer.

L'EXPERIENCE DU DERACINEMENT

Peut-être que tous les dragons de notre vie sont-ils des princesses qui n'attendent que le moment de nous voir un jour beaux et courageux. Peut-être que toutes les choses qui font peur sont au fond des choses laissées sans secours qui attendent que nous les secourions. Rainer Maria Rilke

1. Un cheminement vers la clarté en soi

Sens des crises

D'une traversée du désert vont surgir, la plupart du temps, des compréhensions, des révélations qui pourront être accompagnées d'une émergence de nouvelles ressources. Une absence soudaine de sens, concernant la situation qui nous est demandée d'affronter, peut conduire à une crise profonde, abyssale. Il devient alors nécessaire de naviguer à vue, en pleine tempête, en plein déchaînement. Il convient d'accepter la déconstruction qui s'opère (sans percevoir encore la venue d'une future transformation), de métamorphoser la souffrance en espérances, la tristesse en sagesse, en future joie. L'acceptation de ce qui se présente, que l'on repousse fermement lors d'un début de crise, va devenir très vite la seule offre qu'il faudra pourtant retenir. L'expérience du vide, la compréhension de l'illusion qui gère notre vie, peuvent être, sinon comprises, mais tout au moins entendues, décryptées par des personnes extérieures, compétentes, qui peuvent dès lors apporter un certain réconfort, une écoute pour le moins apaisante ainsi qu'un regard différent sur ce qui est vécu momentanément par la personne souffrante.

La *nuit noire l'âme*, précédemment évoquée, peut s'assimiler à un déracinement, à l'intérieur de soi. C'est l'équivalent d'un voyage intime indescriptible dans les profondeurs de soi. Tout devient l'objet de reconsidérations, pour un avenir meilleur. Des apports théoriques mais également psychologiques, philosophiques, spirituels et même religieux pour certains seront nécessaires pour quitter le sas dans lequel l'individu se sent emprisonné. Pour ma part, un apaisement s'enclencha à partir de l'intérêt porté à des Résilients, ces hommes et ces femmes qui ont su, qui ont pu rebondir et même renaître à la suite d'épreuves vécues ; mais également grâce à des disciplines, souvent considérées comme étant sans fondement, à des pratiques moins conventionnelles telles que l'astrologie, la divination ou bien encore le magnétisme curatif.

Déclencheurs du séisme intérieur

C'est une évidence, nous sommes tous affectés par ce qui a lieu, sur le plan événementiel entre autres, au sein de notre vie personnelle ; mais également par les mutations énergétiques (au sens large du terme) de cette troisième décennie du XXIe siècle. Nous sommes tous impactés par ces phénomènes totalement nouveaux et pour certains, quasi imprévisibles... ou presque. Bien entendu, comme lors des périodes passées au cours des derniers siècles, certaines personnes sont/seront plus affectées que d'autres, en ce qui concerne les besoins de base, matériels principalement. Pour d'autres, ce sont/seront des remises en question personnelles qui s'ajoute(ro)nt à des difficultés matérielles ou non.

La société et donc l'individu sont pris dans une sorte de tornade qui sans aucun doute, a une réelle signification dès lors que l'on veut bien porter un regard plus pointu sur ce qui a lieu. L'existence d'une signification cachée qui accompagne ces événements bouleversants reste encore peu perçue et peu réellement comprise par tous ceux qui vivent des bouleversements dans leur parcours de vie. Pourtant, il s'agit bien de porter un regard différent sur notre existence personnelle, sur ses aléas, au sein de ce nouveau monde qui s'installe ; un cadre de vie, bien différent de celui qui existait lors du siècle précédent, a pris place. Sans aucun doute, chacun à sa façon devra réagir et s'adapter à ce qui surviendra (d'une manière relativement prévisible), à ce qui viendra impacter sa propre existence et celle des siens.

Depuis la crise sanitaire surtout (de mars 2020 à fin juillet 2022) mais également auparavant, sur d'autres aspects de la vie quotidienne nous sommes chahutés ; et sur plusieurs plans. Il y a comme une sorte de réajustement que l'on se doit de réaliser. Personnellement, un bouleversement personnel, familial, affectif a surgi dans ma vie durant cette période et constitue le point de départ de cet ouvrage. Continuer de vivre *ordinairement* après une telle déflagration s'avère relever de l'impossible. Malgré les initiatives entreprises dans le but de comprendre, d'accepter et surtout d'avancer, j'ai dû aussi admettre que seul le Temps pouvait totalement apaiser la tempête intérieure. Les parois protectrices de la psyché s'étaient évanouies, avaient totalement disparu. Car en plus de la temporalité des événements qui surgirent, il y eut celle de l'inattendu et de sa brutalité

Quant au décès du dernier parent très âgé, l'effet de surprise fut potentiellement mineur, inexistant ; néanmoins le chemin qui mène à la *délivrance* plombe, paralyse *la* (en effet, on a remarqué que c'est principalement *un* seul être qui guide intégralement le défunt vers la fin de sa vie terrestre) personne qui accompagne ce parent, qui lui délivre inconditionnellement compassion et amour filial. Un autre chapitre de la vie se présente fatalement dès que le dernier vient définitivement se clore. Ainsi, ai-je été (comme chacun d'entre nous) confronté à cette réalité.

Vers une autre rive

Cheminer vers une réflexion philosophique, après cette période tumultueuse, s'est finalement imposé à moi, en moi. La découverte notamment, en profondeur, du parcours de vie et de la pensée du philosophe Baruch Spinoza, fut un élément crucial qui me permit d'infléchir la trajectoire de ma vie, le sens de ma destinée. C'est à partir d'une grande détresse personnelle que cet homme est allé chercher ce qu'il nomme un *bien impérissable*, que rien ne pourra lui enlever, une joie qui demeurerait à jamais ; il va y parvenir et c'est bien là que s'enracine toute une authentique quête de sagesse ; celle-ci se définit dans le fait de ne plus chercher le bonheur à travers les apports de la vie, à partir des événements qui arrivent hors de toute maîtrise, mais à le trouver en Soi.

Entrer dans l'univers de la philosophie de la sagesse m'a sauvé la vie tout comme elle a sauvé Spinoza de la persécution de son entourage. Cette aventure m'a conduit à découvrir Robert Misrahi, un des spécialistes de la pensée du philosophe néerlandais. C'est avec le souhait de donner une nouvelle direction à mon existence, d'engager une quête de sens, de réaliser un travail intérieur, que je mis à lire, dans un premier temps, des ouvrages de Bruno Giuliani, de Frédéric Lenoir tous deux philosophes, qui m'ont permis, entre autres, de progresser vers l'approfondissement théorique des notions de joie, de bonheur, de sagesse. Ce dernier terme fut d'ailleurs celui qui retint toute mon attention. Peu à peu, je me suis approché de la notion, du concept. J'ai senti qu'il venait à moi. J'ai tenté donc de l'explorer, à ma manière.

Ce présent ouvrage, avec son abécédaire, représente un voyage spirituel entrepris pour assouvir une passion qui ne m'a jamais quitté : celle de pouvoir me découvrir afin de m'attribuer la place que je suis censé occuper dans le vaste champ de la société humaine ; celle de trouver un contentement intérieur. Mais aussi celui d'être en paix avec ma propre Existence. La relecture de quelques écrits de Montaigne, pour intégrer en soi l'idée de *vertu*, m'a également enrichi. En effet, il est intéressant d'avoir la possibilité de définir autrement cette qualité humaine, cette force morale émanant tant du corps que de l'âme ; il est pertinent de la relier davantage à notre Etre spirituel et de l'intégrer au sein d'une éthique personnelle plutôt que de la voir dépendante d'un comportement défini par une religion, quelle qu'elle soit. En effet, la vertu est avant tout cette capacité spirituelle qui conduit une personne, en accord avec sa propre philosophie de vie, à agir éthiquement, en lien avec ses valeurs hautement humaines.

La tristesse de l'Homme me semble venir du constat qu'il ne trouve plus sa vie palpitante, riche, porteuse d'espérance et d'enthousiasme. Dans cette situation, il a souvent tendance à s'agripper à ce qui se situe à l'extérieur de sa personne puisqu'il ne se suffit plus à lui-même lors des moments de solitude. La perte d'une relative autonomie risque de s'amplifier ainsi que son malaise de ne plus ressentir des espaces de joie en son cœur. Cette lumière que représente le pourquoi de son existence ne semble plus briller. Le constituant de cette lumière, c'est la création. Elle représente le socle sur lequel l'humain bâtit sa propre vie. Elle est unique pour chacun et ce qui vient la définir, la constituer se compare à la sève de l'arbre. Sans création, sans acte créatif, sans créativité, l'individu de voit périr peu à peu. L'action n'est plus là et le pouvoir d'exister n'est plus entre ses mains mais entre d'autres, à l'extérieur de lui-même. Il n'existe plus par lui-même. La joie s'est éteinte car il n'y a plus d'actes personnels lui permettant de s'affirmer, d'exister, de faire naître du contentement. La passivité et les passions *tristes* (Cf. Spinoza) s'installent peu à peu.

Nous avons cette clé qui va permettre à la personne de se réapproprier son soi : c'est sa créativité, ce pouvoir, cette capacité qui fait sortir de soi un matériau, une substance, un artefact qui n'existait pas quelques temps auparavant. Et c'est bien elle qu'il faut à tout prix faire (ré)apparaître, faire jaillir pour retrouver son propre feu intérieur. C'est elle qui va procurer de la satisfaction, du bien-être, du plaisir, et surtout de la joie intérieure. Cette joie spécifique qui, dissociée de celle provenant de l'extérieur, redynamisera l'aptitude à l'autonomie de la personne - de son âme -, aptitude qu'elle a absolument besoin d'intégrer.

2. Des clés de sagesse

Nécessaire apaisement de l'âme

En cette troisième décennie du XXIe siècle, les énergies déstabilisantes sur tous les plans (sociales, climatiques...) exigent des actions, mais aussi du lâcher-prise, sachant que le passage d'épreuves (personnelles) obligent nécessairement à infléchir le parcours de vie, afin de lui donner une direction différente. Pour répondre aux déstabilisations, rien de mieux que d'aborder en premier lieu, le domaine de la connaissance de soi (domaine qui fera l'objet de mon prochain ouvrage), mais également ceux de l'introspection profonde, de la rencontre avec d'autres valeurs et d'autres paramètres de la vie. Ouvrir son esprit, sa conscience à d'autres univers inhabituels enrichit et permet de se projeter différemment. Comprendre, connaître, admettre, accueillir sont des clés de sagesse qui permettent d'accomplir le plus consciemment possible, notre propre parcours existentiel.

Il y a nécessité d'apaiser son âme en cette période très bouleversante en matière de repères, de freiner une démarche parfois trop affirmée et pas assez réfléchie qui peut amener un épuisement du corps, une retenue de notre développement de conscience, de notre capacité spirituelle, de notre individualité. D'où cette idée de l'émergence d'une considération nouvelle de la notion de sagesse, afin de trouver un nouveau rythme de vie, un nouvel état d'être, une nouvelle forme d'existence.

L'indispensable travail sur soi

Ce besoin de questionnements, de reconnection à la Nature, à l'univers, au contexte de base (nos racines) qui nous a accueilli lors de notre naissance, devient essentiel. La nécessité d'un recentrage en soi, envers soi, afin peut-être de modifier des attitudes qui paraissent ne plus nous convenir au fil du temps, ne peut être évitée ; tout comme le fait d'amorcer un réveil de sa nature profonde, de son soi véritable. Ce recentrage passe par cette *connaissance de soi*, la perception d'une certaine forme de sagesse à acquérir qui exige une (ou des) acceptation(s) de ce qui est en train de se réaliser en soi. Chaque moment de la vie porte en lui-même une demande et parfois une exigence de mutation en ce qui concerne nos comportements individuels.

Cette purification, cette compréhension exigée sera positive si l'on décide de se diriger par la suite vers ce qu'on appelle *La voie du milieu*. Beaucoup d'astrologues, en évoquant les futures années durant lesquelles la planète Pluton sera dans le signe du Verseau, voient la période actuelle comme une demande de prise de conscience individuelle, mais également comme un combat en soi, destiné à libérer les lourdes servitudes qui pèsent sur nos existences, dans le but d'accéder à la Voie médiane. Cependant, certains choisiront la voie de la violence envers le monde extérieur, d'autres s'orienteront vers une libération intérieure, vers un apaisement, une sagesse de l'instant, entraînant par là même une distance avec un environnement devenu oppressant. Ainsi, une demande invitant à revisiter certains attachements - afin qu'un rythme personnel de vie soit (re)trouvé, moins assujetti aux *démons* intérieurs et à l'entourage social (c'est bien celui-ci qui déclencha la Révolution de 1789, année durant laquelle Pluton entra dans le signe du Verseau) - apparaîtra, afin de vivre tout *simplement* dans un espace de liberté intérieure (et extérieure), sans dualisme.

3. Chavirement mais cap maintenu

Nécessité des crises pour évoluer spirituellement

Dès lors qu'une limite apparaît dans le déroulement de l'existence, il devient nécessaire de trouver une nouvelle philosophie de vie (un nouvel état d'être) qui puisse favoriser l'instauration d'un nouvel équilibre, l'éveil d'un nouvel ordre. Ainsi, il convient de chercher une nouvelle voie qui sera une réponse juste à cette nouvelle personne que vous êtes devenu, à son propre Chemin de vie. Il sera sans doute nécessaire de s'ouvrir à une spiritualité - non pas aliénante - mais ouverte, qui favorisera l'épanouissement de l'individualité. Cette attitude spirituelle viendra faciliter le développement d'une nouvelle vision de sa propre condition d'humain, de son propre rôle envers le collectif - par l'acquisition d'une libération intérieure - afin de pouvoir viser un objectif de bonheur qui viendra *naturellement* s'offrir à vous, différemment, à partir d'autres paradigmes.

Voilà donc à quoi peuvent servir les crises, les bouleversements, les ruptures de toute nature, les deuils traversés ; à pouvoir nous redéfinir, à pouvoir reconsidérer nos croyances, nos appuis spirituels, afin de progresser plus légèrement, plus authentiquement sur le Chemin. Comme nous le verrons par la suite, pas de quête de sagesse envisageable sans un contact préalable avec la souffrance, la notion de perte, la déstabilisation identitaire, la disparition brutale d'anciens repères (dans les cas d'exil, de déracinement, d'expatriation ou bien encore de déculturation, etc).

L'allégement devient une grâce quand on prend conscience de ce qui pèse. Mais comment trouver la légéreté ? L'équanimité, cette égalité d'âme et d'humeur, s'offre comme solution possible. En s'affirmant comme disposition de détachement et de sérénité, elle peut contribuer à l'apaisement, à l'équilibre de l'esprit. L'équanimité dont on a besoin, doit avoir pour fondement la vigilance, la présence d'esprit claire et consciente et non l'indifférence. Elle doit être l'aboutissement d'un entraînement entrepris volontairement. Pourtant, elle ne mériterait pas son nom si elle devait n'être que le produit d'efforts répétés. La véritable équanimité doit être capable de faire face à toutes ces difficultés, de se régénérer, en se ressourçant de l'intérieur. Elle ne possède cette force de résilience et d'autorenouvellement que si elle est enracinée dans une profonde vision intérieure. Face aux vissicitudes, on doit apprendre à connaître ce refuge personnel où nos peurs et nos inquiétudes peuvent être apaisées. Pour que l'équanimité devienne un état d'esprit, il est nécessaire de renoncer à tout désir de possession. Enfin, une déconstruction et une transformation des servitudes passionnelles viendront précipiter favorablement toute opération d'allègement.

Sans boussole mais...

Nous ne pouvons laisser croire dès à présent que tout avancement restera facile à ordonner, au sein de son propre désir de développement spirituel, de sa quête de sagesse, de l'arrivée de la joie au cœur de notre quotidien. Il y a des éléments de notre propre vie que nous ne comprendrons jamais, sur lesquels notre action s'avère limitée car l'humain et l'humanité restent pour le moins assez complexes dans leur constitution. Il nous faut dès lors accepter de ne pas tout comprendre (ou bien alors pas grand chose) en ce qui concerne notre situation de terrien, de ne pas chercher à maîtriser les Choses. S'ancrer à l'intérieur de soi reste sûrement l'attitude la plus précieuse à développer. Entreprendre un voyage à l'intérieur de l'être permettra de propulser l'esprit vers la mise en œuvre de ses compétences notamment celles concernant sa propre capacité à commencer une nouvelle période de vie, d'opérer un saut créateur vers un niveau supérieur de sa propre histoire personnelle. La *présence,* dans sa condition d'individu, dans sa propre existence reste essentielle. C'est alors que l'identité va se présenter comme un problème à résoudre : peur de la perdre, alors qu'une navigation sans carte, à vue, sans boussole, reste sûrement la meilleure manière de se comporter. Se laisser flotter reste bien souvent la meilleure des attitudes à adopter lorsque l'individu est soumis à des soubresauts intenses. Si le désir est bien là (celui de se laisser porter par les vents...), la personne continue cependant à s'accrocher à ses douleurs, à ses malheurs, à son passé. Cet ancrage souhaité, qui permettrait ainsi d'être bien en soi en tout lieu, se développe d'une manière autre, venant invalider cette mobilité qui conviendrait tant à l'individu. Se laisser chavirer avec l'énigme de sa propre identité permettrait pourtant dès lors de *progressser* sur son Chemin personnel. Mais, à cause des peurs qui se sont accumulées dans les inconscients collectifs et individuels, la personne se prive elle-même de son propre bonheur. Elle tend à s'enfermer dans une bulle d'habitudes qui peut la mener dans un gigantesque chaos interieur. Il faut parvenir sainement à s'en échapper : par la parole mais surtout par l'action, la création ; par le voyage, par tout acte entrepris en faveur d'une avancée conscientisée de soi grâce à sa propre pugnacité.

Dissolution du Moi

Trop d'imitations dans nos vies, par peur de l'échec, par la volonté de perfection(s) viennent limiter nos riches potentiels. L'absence de liberté totale de la personne, comme le souligne Spinoza (Jean-Paul Sartre quant à lui déclarait que l'homme est fondamentalement libre puisqu'il n'est jamais complétement déterminé de l'extérieur, ni même de l'intérieur) et l'existence d'un déterminisme qui vient cadrer notre existence peuvent dès lors peser sur nos actes. Cependant, un espace d'actions libres, sans contraintes, peut être conquis. Pour cela, il faut se délester, se laisser dévêtir de son identité constituée d'incertitudes, de blessures. C'est ainsi dès lors que pourra émerger en conscience la valeur de sa propre personne. Il conviendra de réaliser (en fonction de ses possibilités du moment) des actes pour ne pas se laisser enfermer dans une gangue confuse et invisible, sorte d'écorce qui pourrait être ressentie comme rassurante mais qui viendrait cependant éteindre le feu intérieur créatif et personnel.

La joie, la sagesse, avec la difficulté de leur affirmation pourront se réveler accessibles si on accepte la dissolution nécessaire du moi, si on accepte durant un temps de naviguer sans cap, sans repères habituels, au coeur de son propre parcours personnel. Plus facile à écrire qu'à vivre certes, mais la prise de connaissance de cette information peut un jour ou l'autre permettre au capitaine que vous êtes de larguer les amarres, de lever l'ancre, de mettre les voiles pour se diriger vers un inconnu élaboré à partir de nouveaux souhaits stimulants, vivifiants, revitalisants. Cette sagesse que nous souhaitons découvrir au plus profond de notre âme se constitue également par une acceptation du fait que la vie a un plan bien défini pour soi, que la marge de manœuvre est limitée, malgré ce que nous pouvons penser et/ou ressentir, à certaines périodes de notre vie. Une nécessité d'osciller entre deux pôles, qui peuvent se révéler au premier abord antinomiques, se présentera : le premier est celui de l'action qui donne la possibilité de réaliser et le second prend la forme de l'inaction, état qui permet d'exister avec davantage de contemplation. Cette nouvelle vision de la vie, basée sur un système binaire qui semble régir toute notre existence, se rapproche de *la voie du milieu*, mise en valeur par le mode de vie bouddhiste. Mener sa propre quête de sagesse comme une aventure active, nourrie de légéreté et de contemplation, semble représenter ce vagabondage heureux qui peut permettre d'approcher une sérénité et une paix illimitées, véritables clés de l'autolibération de l'âme.

4. Concept de sagesse

Un comportement

S'intéresser à la sagesse, c'est vouloir devenir heureux. Ainsi, les philosophes grecs - ayant pris conscience des tourments de l'esprit humain qui venaient perturber leur humeur alors qu'ils accomplissaient leurs tâches sans perturbations extérieures - essayèrent-ils eux-mêmes de trouver davantage de paix intérieure dans leur vie et de transmettre à autrui les fruits de leur réflexion. La quête d'un mieux-être à partir d'une réflexion sur ce qui pouvait parasiter la puissance de l'individu, devint un sujet d'exploration. Trouver un moyen d'apaiser son esprit afin qu'il trouve à l'intérieur de lui-même, un bonheur permanent devint dès l'objet d'une recherche intarissable.

Provenant du latin *sapienta*, la sagesse est - le plus souvent - un concept utilisé pour qualifier le comportement d'un individu, souvent conforme à une éthique, qui allie la conscience de soi et des autres, la tempérance, la prudence, la sincérité, le discernement et la justice s'appuyant sur un savoir raisonné. Le calme et la modération apparaissent fréquemment comme composantes de la sagesse dans les définitions académiques. L'usage retient parfois ces seules qualités lorsqu'il qualifie une personne de sage ou, pour un enfant, lorsqu'il est obéissant et tranquille. Si le concept intervient pour désigner couramment le caractère d'une personne raisonnable, qui fait preuve de modération dans ses désirs, dans la tradition classique - de l'Antiquité jusqu'aux Cartésiens -, il se rapportait aux savoirs, à la philosophie (au service de la raison, avec son désir de recherche de vérité et de béatitude suprême), à la connaissance de Soi englobant le plus souvent l'idée de vertu.

Ainsi, on pourrait dans un premier temps, se représenter la sagesse comme un comportement teinté de philosophie s'appliquant à vouloir rechercher la vérité par un questionnement sur le monde et comme un désir d'assurer la paix de l'âme humaine, tout en interrogeant l'existence des relations sociales, au regard du sens de la vie.

Définitions et méthodologie

La sagesse peut également s'assimiler à une manière d'analyser des concepts tels que ceux de la liberté, du sens de la vie, du bonheur, de la sagesse. La philosophie (qui représente donc l'amour et le développement de la sagesse, de la connaissance, de la sérénité...) grecque se caractérisait par le fait qu'elle était dominée par l'éthique, par la question du *comment bien vivre* ? et par des réflexions concernant les vertus et le bonheur, la paix intérieure. Ainsi, la sagesse étudiée par les philosophes (notamment Socrate et les stoïciens) était perçue comme une manière de vivre, de bien vivre et non pas uniquement comme un discours théorique. Nous aurons l'opportunité d'aborder cet aspect dans un paragraphe spécifique. Par ailleurs, avant de découvrir l'abécédaire, nous évoquerons la sagesse à partir du questionnement porté par les philosophes grecs, ainsi que le cheminement personnel menant vers le bonheur et vers l'humilité philosophique (représentée par la connaissance de soi et par la sagesse, garante de bonheur). Considérer le parcours singulier de Spinoza permettra de comprendre le lien qui peut parfois s'établir entre souffrance et sagesse. Adopter cette attitude (de sage) permet d'atteindre un idéal du moi où la tristesse est remplacée par la joie, la crainte par la paix ; sans nécessairement vivre comme un ascète mais en cultivant une personnalité vraie s'appuyant sur la puissance de l'Etre et non pas sur le paraître.

Pour le philosophe Robert Misrahi, *la définition de la sagesse résulte de cette claire connaissance de l'être humain et de l'assomption de son essence comme désir, une fois celui-ci libéré de la servitude personnelle ; la sagesse est donc la poursuite de l'accomplissement de soi, puisqu'elle réside dans la conservation de soi et dans l'accès à sa propre puissance d'agir, en quoi consiste le déploiement du désir. Il s'agit bien du bonheur et celui-ci est d'abord le déploiement réfléchi du conatus (l'effort), le déploiement maîtrisé du désir qui poursuit sa puissance et la joie*. Ainsi, le désir et l'acte lui faisant suite viennent participer à cette découverte de la sagesse ; le désir se doit avant tout d'être purifié, dépourvu de ce qui le maintenait relié à une servitude en lien avec des passions tristes, c'est à dire dépendantes d'un contexte extérieur à soi. Il ne s'agit pas d'éloigner ce qui constitue notre essence même (avec notre puissance intérieure, nos désirs), mais plutôt de bien orienter nos efforts menés. Au terme de cette aventure sur le chemin de la sagesse, on y trouve donc le bonheur, nous indique le philosophe dont les convictions humanistes s'appuient sur l'éthique de Spinoza.

Le dépouillement

Au premier abord, pour certains, la sagesse pourrait sembler se confondre avec une attitude quasi-religieuse, quelque peu fataliste. En fait, il n'en est rien ; car si l'on se réfère à Epictète - philosophe grec né en 50 ap. J.-C. et auteur du *Manuel* (ouvrage qui se présente comme un guide pratique de la libération de la contrainte extérieure) et qui a tenté de répondre à la question *comment faut-il vivre sa vie ?* -, cette attitude (la sagesse), ce comportement emprunt de conscience (de soi et du monde) et souvent conforme à une éthique, doit nous inciter à distinguer ce qui dépend de nous et ce qui ne dépend pas de nous (maladie, décès etc.). Epictète prône par ailleurs l'indifférence à l'égard de toute idée ou chose pouvant le perturber.

L'homme qui recherche la sagesse ne doit avoir d'aversion pour rien, puisque tout (la pauvreté, la mort, la maladie) peut arriver. S'il ne craint rien, rien ne peut l'atteindre. Même à l'égard des proches, il faut modérer ses sentiments car ils sont mortels ; leur mort ne doit pas troubler. Les possessions doivent être considérées comme passagères ; ainsi leur perte ne peut causer du chagrin. Les plaisirs du corps, source de passions et donc de souffrance, doivent être évités et réduits au strict minimum. Ainsi, la mesure est le maître-mot en tout, indique le philosophe : un mouvement de dépouillement des habitudes doit nourrir l'activité philosophique entreprise.

Le chemin vers la sagesse commence par l'étude de soi, par un développement de la capacité de se percevoir clairement, par un plongeon au plus profond de son être, tout comme l'indiquait Socrate. Cette quête devient vite un véritable chemin d'humilité, d'acceptation de ce qui est, d'apprentissage de la vie telle qu'elle s'affirme. Montaigne a mis en avant cet aspect humaniste de *saisir* la vie ; bien qu'il fut conscient des limitations de l'être humain, sa conception de l'existence n'était pas pessimiste ; il n'était pas pour une idée de sagesse associée à une morale ascétique ; son approche singulière lui permettait même d'évoquer la connaissance des plaisirs : *la philosophie n'estrive [ne lutte] point contre les voluptés naturelles, pourvu que la mesure y soit jointe, et en prêche la modération, non la fuite.* La sagesse de Montaigne écartant la *déshumanisation*, est devenue un modèle classique en France ; on lui doit son assimilation à cette modération qu'elle prodigue.

5. Une âme incarnée

Corps et âme

La philosophie se propose de travailler sur la conception du monde, son organisation humaine, ses valeurs, ses vertus ; de s'interroger également, avant de proposer des *règles* de vie pour mieux vivre, tout en sachant que joie, souffrance et peine font partie de la vie. Cependant, celles-ci pourront être vécues comme des anticipations effrayantes qui en fait ne verront jamais le jour. De mauvais fantasmes ! Il paraît ainsi nécessaire de débrancher le mécanisme entretenant ces pensées tenaces qui tendent à faire souffrir inutilement la personne. Certains schémas mentaux agissent de la sorte. Ils sont maintenus comme mode de survie, entraînant des rituels inconscients toxiques.

Un développement de la *Pleine présence*, en lien avec une nouvelle façon de vivre, avec une conscience de soi orientée vers un état corporel plus ancré, avec une respiration complète, permet l'apaisement interne. Nous sommes matière (mais également esprit et âme incarnée) et, de ce fait, notre corps exige qu'un respect total lui soit porté. La sagesse intérieure implique également une participation active du corps, de son enveloppe émotionnelle. Un dérèglement sur le plan des émotions (en lien avec la vie relationnelle, affective, sentimentale) vient naturellement se porter sur ce corps en l'invalidant peu à peu, si on n'est pas à l'écoute de ses ressentis. En ramenant la conscience dans le corps, on rétablit un équilibre somato-psychique, une force d'ancrage, qui permet de développer davantage d'autonomie, de sceller son identité, lors de la constitution d'un lien. Cette tâche de corporéïté permet donc l'ancrage mais également l'apprentissage de l'auto-suffisance, l'appréciation juste de ses propres ressources (tâche qui aura également son utilité pour l'Autre, au sein d'une relation). La quête de sagesse nécessite cette prise en compte préalable de son âme, de son corps. La solitude, le silence dans le but de se rencontrer, restent également nécessaires pour se connaître, pour démasquer notre discours critique intérieur, pour développer le pardon en soi, pour soi-même.

La souffrance, source d'éveil

Cheminer vers la sagesse, c'est comprendre que la souffrance, au même titre que le plaisir, a sa place dans notre vie. En effet, elle nous pousse à chercher une meilleure façon de vivre et donc à changer. Ce changement doit se faire en douceur, dans l'amour. L'état d'esprit conscient, habité de sagesse, permet de parvenir à la sérénité. L'acceptation des limites qui sont imposées permet d'abolir les sensations de frustration, de restriction générées inévitablement par une vie quotidienne routinière.

La sagesse n'est pas un but ; elle est un moyen de parvenir à une parfaite connaissance spirituelle des lois naturelles et surnaturelles, de Soi et du monde, afin d'assurer du bonheur... à son âme, à son Soi intérieur. Sa quête relance l'âme de la personne vers une délivrance nécessaire.

Une des propriétés de la souffrance (de la douleur, du chaos, du désordre) est d'éveiller dans l'être humain des qualités qui n'apparaîtraient jamais dans d'autres conditions. On ne peut que constater ce fait. Cette démarche, ce processus de purification fait partie intégrante de notre vie, sans que nous puissions en connaître les origines, en lien avec le sens de notre existence. A partir de ce constat, il reste à mettre en oeuvre son acceptation, en pure conscience, afin d'avancer sans trop de résistances, de souffrances plus affirmées.

L'homme se doit de maturer si possible au sein de sa condition humaine. Son parcours est davantage centré sur une démarche intérieure que sur l'obtention d'une position sociale. Si celle-ci est acquise, elle ne doit pas occulter le travail personnel, le développement de sa propre personne. Par ailleurs, la compassion envers soi, envers autrui, n'est guère possible sans la douleur. Le contact profond avec la souffrance est quasi-nécessaire pour pouvoir comprendre, pour trouver la voie qui mène à la transformation, à la quête d'un mieux-être, à la sagesse : cette nécessité vient le plus souvent s'imposer, s'installer, hors de toute intervention de notre part. Ce contact ne s'établit pas uniquement à la suite des conséquences qui sont liées au décalage entre la vie imaginée et celle que l'on expériente ; il se construit aussi à partir du sentiment d'être une personne qui souhaite développer des qualités humaines profondes, malgré les vissicitudes de l'existence, au sein d'une incarnation qui peut apparaître somme toute comme surprenante, pleine de magie, si on s'attarde quelque peu sur notre condition existentielle.

On ne doit pas échapper à notre douleur. Elle fait partie de l'harmonie cosmique. L'embrasser et diriger vers elle un regard profond pour en comprendre sa pleine nature va permettre d'emprunter un chemin différent, celui d'une transformation qui sera constituée d'une réelle authenticité et qui favorisera un rapprochement d'avec notre nature profonde joyeuse ; celle que l'on a délaissée, celle qu'il nous faut à présent retrouver.

L'intellect ne peut rien opérer pour pouvoir guérir. Seul le corps, ses sensations, ses perceptions peuvent embrasser la douleur pour la transcender, la vivre, avec sagesse ; la présence de la douleur paraît avoir été conçue pour parvenir à diriger l'Homme vers davantage de guérison spirituelle, de discernement, de compréhension.

Une pratique de la Pleine conscience (mais également de la Pleine connaissance) peut générer cette part essentielle de compassion qui pourra venir bercer la douleur, l'accueillir, la transformer par la suite. Si la quête de la sagesse repose souvent sur le souhait de transmuter une douleur en sérénité, elle devient au fil du temps un état de satisfaction suite à de nombreuses étapes de renoncement, de détachement, d'acceptation. Elle s'affirme comme une pratique, comme un mode de vie visant à rechercher l'apaisement, le bonheur intérieur.

La conception de la quête est de nature pragmatique, expérimentale ; elle s'affirme comme l'issue d'une modification, d'une transmutation qu'il nous a été demandé d'expérimenter. S'en approcher nécessite un travail sur les affects de la personne concernée ; elle semble se constituer, se construire sur les substrats psychologiques de la personnalité.

Ainsi, l'adversité se veut être un maître spirituel, un maître de sagesse. Notons que si la sagesse peut s'identifier à un processus constamment évolutif, la spiritualité peut se définir comme un état qui peut naître d'un cheminement personnel ; elle semble être davantage idéologique, tout en souhaitant privilégier le développement de la vie humaine et utiliser des attitudes liées à l'enrichissement de l'esprit.

6. Partir à l'aventure de soi

L'apprenti-Sage

La lucidité sur la vie, sur soi est l'un des paramètres d'entrée sur le chemin de la sagesse. Associée au doute critique, elle vient s'humaniser au sein d'une définition conceptuelle et limitée, souvent retenue. Un besoin de certitude cache l'angoisse, celle de l'incertitude. Une recherche effrénée de vérité naît de l'angoisse existentielle. Pourtant, il est salutaire de ne pas maîtriser tout ce qui constitue notre vie, sans toutefois se maintenir dans l'ignorance, ce qui ajouterait de la servitude au besoin de certitude.

La sagesse n'est donc pas un but à atteindre car il est inatteignable. Sa quête se nourrit de valeurs, de notions qu'il est bon de retenir dans un esprit d'ouverture, d'avancée spirituelle, de rupture avec des attitudes, des actes particuliers qui freinent son accomplissement, sa sérénité. *La sagesse reste un moyen de la philosophie comme fin en soi*, a écrit le philosophe Nicolas Go (7) ; *penser le sens consiste perpétuellement à le repenser.*

Un arrêt du processus menant au désir de sagesse constituerait un enfermement. Dès lors que l'homme s'est engagé sur le Chemin, il ne peut reculer sous prétexte d'avoir trouver une vérité définitive. En ce sens, il se situe bien en un lieu intermédiaire, entre l'ignorance et la sagesse, *entre l'ignorant et le sage*, pour reprendre la thèse de Platon.

L'apprenti-Sage est résolument un marcheur inépuisable qui se garde bien de prendre pour argent comptant ces certitudes qui viendraient le séduire. Une sorte d'errance vient caractériser la vie de cet élève. Il deviendra et restera un éternel étudiant jusqu'à sa finitude. Ce désir, manifesté en direction de la sagesse, est également celui du philosophe.

Les émotions

La dignité de l'homme exige d'être audacieux, d'oser, de se mettre au pied du mur ; puisque des défis lui sont sans cesse proposés afin d'augmenter sa puissance intérieure, sa libération, afin qu'il poursuive son aventure spirituelle. Nous savons très bien qu'entreprendre est parfois au-dessus de nos forces. Nous nous sentons presqu'à terre et rebondir relève presque d'une mission impossible. C'est bien là qu'interviennent les trois notions d'acceptation, d'impermanence et de résilience. L'une des composantes maîtresse de la sagesse est bien celle du Temps : l'attente, en conscience, devient naturellement une période de construction. Elle va permettre entre autres d'écouter son corps, ses émotions d'une manière beaucoup plus intense qu'à d'autres moments.

Conservons en tête l'objectif d'un mieux-aller et déposons les armes, le temps que *les planètes s'alignent*. L'émotion est un trouble subit, une perturbation intérieure : elle naît souvent d'un refus de ce qui est. Peurs et désirs sont projetés sur la réalité. Bien souvent, les faits sont partiellement déformés ; une sorte de statut d'esclave apparaît dès lors. En attendant une transmutation, le cours de la vie est géré par les émotions. Souhaiter et parvenir à les bloquer deviendrait une aventure inconfortable car l'être se fermerait à tous les champs d'expériences possibles en lien avec sa présence incarnée. Ainsi, si une maîtrise semble quasiment impossible, une purification aura l'immense pouvoir de favoriser la naissance d'un sentiment authentique de paix, de joie, d'ouverture. La méditation de pleine Présence, les exercices de nettoyage émotionnel, de purification énergétique, de respiration lente, ajoutés à une compréhension des émotions, peuvent et doivent participer à cette épuration. Car la prise en compte de l'enveloppe corporelle reste majeure dans ce travail d'éveil.

L'énergie émotionnelle est importante pour l'humain ; ce ne sont que ses débordements qui lui sont nocifs, inutiles. Ces désordres se répercutent sur le cœur, sur le muscle cardiaque. Par ailleurs il convient de dissocier, de différencier sentiments et émotions. Si celles-ci parviennent à être purifiées, elles pourront se transformer en sentiments. L'émotion est la matière première du sentiment, des états supérieurs de conscience. Il est possible de les trier, de repérer celles qui referment l'ego sur lui-même et celles qui élargissent la vitalité. Dans notre société actuelle, avec ses multiples moyens de communication, il y a une surabondance d'émotions naissantes. Dès lors, il devient nécessaire de se protéger d'une possible détresse émotionnelle et d'envisager de se diriger vers une sagesse de même nature.

Les émotions ont quelque chose à nous dire sur

notre façon d'exister. Elles doivent être bien repérées pour apprendre à mieux se connaître, l'essentiel étant de ne pas être sans cesse pertubé par elles et d'exploiter le meilleur de soi. La qualité d'une âme équanime en dépend.

La régulation émotionnelle est un élément clé de la profondeur psychologique de la personne. La capacité de discerner les émotions subtiles de toutes les autres, de les utiliser de manière constructive contribuera, participera à l'émergence de la propre sagesse de la personne.

7. De l'insatisfaction à la quête

La frustration pour se découvrir

Le plaisir et le bonheur d'Aristote, la joie de Sénèque, la félicité de St Augustin, la béatitude de Spinoza ou de Nietzsche, autant de notions qui toujours établissent la corrélation entre désir et bien-être, au sein d'une quête de sagesse. Ainsi, pour comprendre cette dernière, il faut se pencher sur la notion d'*affect*. Ce que nous ferons dans un prochain sous-chapitre. Tout d'abord, interrogeons-nous sur l'attitude de la raison conceptuelle face au désir, désir spiritualisé en affect de joie (c'est-à-dire en expérience d'être, pour Spinoza). Pour se situer à contre-courant de toutes les propositions et de toutes les déductions énoncées par de nombreux théoriciens, ne pourrait-on pas prétendre in fine que l'essence de la sagesse puisse être la joie ?

Le point de départ, nous l'avons identifié : il s'agit de l'insatisfaction. C'est le substrat même de la condition humaine, constituée d'impressions de mécontentement, d'incomplétude et d'imperfection, qui pousse l'homme à agir pour combler sa frustration, pour satisfaire ses demandes, pour réduire ses peurs. Cette insatisfaction fondamentale a peut-être été créée volontairement par la Nature afin que l'homme ne devienne pas totalement un contemplatif mais plutôt épouse le rôle d'un combattant pour établir sa propre destinée. (Nous devons noter au passage, que pour Spinoza, la contemplation n'évoque aucune passivité : en effet, la contemplation spinoziste est au contraire *activité* de l'esprit). Peut-être s'agit-il dès lors de quitter le monde du doute, qui est en fait une forme particulière de souffrance à la longue, pour trouver en soi des réponses adaptées, des *certitudes spirituelles* qui permettent de cheminer plus sereinement. Devenir un sage !

Dans l'inconscient de nombreux êtres humains, l'archétype du sage - ou l'idée qu'il s'en fait - est installée : ainsi, il prend la forme d'un être épargné par les passions qui secouent, non affecté, serein, unifié et maître de lui. Cette représentation ancestrale du maître de sagesse n'existe plus dans les civilisations occidentales actuelles. Reste des enseignements initiatiques religieux (ou non) qui refusent tout dogmatisme et conservent une grande lucidité. A chacun donc de trouver la meilleure approche consciente et dynamique qui puisse le conduire sur la quête de sa propre réalisation. Quitter l'illusion, se transformer, se régénerer, retrouver sa valeur sublime sont des buts vertueux qui nécessiteront un engagement de l'essence de son être. Lorsque l'on est certain que la libération, l'émancipation restent des voies fondamentales à emprunter, on ne peut plus dès lors les ignorer. C'est donc du fond de notre âme, qui a sans doute déjà cheminé dans l'espace désertique d'une *Nuit noire*, que remontera cette nécessaire demande d'affranchissement, d'indépendance, d'autonomie.

Accéder à la sagesse par le lâcher-prise

On peut accéder à l'état de sagesse en premier lieu en acceptant ce qui vient se présenter à nous, au coeur du cheminement. Face aux événements qui viennent nous challenger, le mieux en effet est bien d'adopter une attitude de lâcher-prise, de ne pas opposer de résistances, lesquelles ne sont en fait que des manifestations en provenance de l'ego, du mental et souvent en lien avec le Passé.

Il s'agit dès à présent de remettre du sens dans la définition du lâcher-prise. A quoi correspond-t-il précisément dans le contexte actuellement étudié ? Nous retiendrons une définition que nous avons extraite d'un site internet qui nous paraît pertinent : *le lâcher-prise, c'est l'acceptation et l'adaptation aux changements, la capacité à voir la réalité telle qu'elle est, sans se laisser dominer par une réalité imaginaire, imaginée ; c'est accepter aussi de perdre le contrôle sur des événements ou des comportements que nous ne pouvons modifier.* En lâchant prise, nous sommes capables de consentir à une réalité autre que celle que l'on avait programmée, de ne plus avoir le contrôle sur les événements qui entrent dans notre vie. Le lâcher-prise n'est pas synonyme d'abandon ou même de résignation. On peut lâcher prise et aller de l'avant. Car le lâcher-prise ne met pas à l'écart l'activité, le *faire*. Il est compatible avec le passage à l'action ; car il est *intérieur à soi*, telle une philosophie de vie et non pas relié directement aux démarches que nous pouvons avoir dans le monde extérieur à soi. La sagesse du lâcher-prise permet d'accéder à une conscience plus accrue de l'instant présent. C'est ainsi que la consistance de l'Etre va davantage faire jour, que l'émergence du Soi va, dans un premier temps, mieux se dessiner, se manifester, même inconsciemment. Un mental trop fort demande dès lors à disparaître.

Cette manifestation va s'accompagner d'instants de paix, de calme propices également à l'apparition d'une émotion de joie intérieure, en lien avec ses propres actions et non pas avec les conditions extérieures à soi. Cet état de lâcher-prise produit l'arrivée de sensations spirituelles, d'états de conscience plus élevés. Quitter ce qui emprisonne, c'est-à-dire de ce qui empêche d'accéder à une forme de sérénité, permet une reliance et une connection à des états psychiques supérieurs, profonds. Une sorte d'état de grâce, traduisant la légéreté de l'âme, s'empare de nos cellules, issu de l'acceptation du flux naturel des Choses, de l'ordre des Lois cosmiques, sans souhaiter intervenir ou perturber le cours. Cette attitude, appelée *Wuwei* dans le taoïsme, s'assimile à une véritable éthique comportementale ; elle permet une libération intérieure, un renouveau énergétique, un accès à une forme de sagesse philosophique mais aussi spirituelle.

Chez les Bouddhistes, on évoque la joie, le plaisir sur la base de l'abandon, du lâcher-prise. *Ly* est un mot vietnamien qui signifie abandonner, laisser aller, lâcher prise. Celui-ci conduit à une certaine liberté intérieure, un allégement, Associée à une pleine conscience du moment, cette attitude conduit à la notion de bonheur. D'ailleurs, pour les Bouddhistes, la pratique de la Pleine conscience, c'est la pratique du bonheur. Il s'agit d'un abandon, d'un engagement total de soi ; pour se délivrer des émotions qui entravent la puissance d'être.

La sagesse par la foi

Le sentiment océanique - évoqué lors d'un paragraphe précédent -, cette sensation d'un plus grand que soi, dirige la personne vers une autre manière d'appréhender les choses ; une sensation qui s'accompagne d'un état de conscience élargi, permettant de ressentir un sentiment d'union, d'appartenance avec le grand Tout ; ce qui conduit vers les notions de pouvoir et d'abandon, d'extase et d'angoisse, d'intimité et de transcendance. Cette perception intime de la plénitude, de l'infini auquel nous sommes liés propulse l'homme vers un état d'humilité, de docilité au regard de la vie. Cette docilité est une ouverture vers l'acceptation, la confiance, la foi, la sagesse face aux variations événementielles et émotionnelles de nos vies. Elle permet une mise en confiance démesurée même lorsque la mer est momentanémént agitée. Elle vient rationaliser notre pensée.

Le *sentiment océanique*, évoquant une certaine unité ressentie, se situe au-delà du religieux ; même si Romain Rolland - à l'origine de cette expression employée lors d'une correspondance qu'il entretenait avec Sigmund Freud - avait emprunté le terme *océanique* à la mystique indienne, notamment à l'un des plus grands Maîtres hindous, Ramakrishna (1836-1886) : ce mystique rédigea des ouvrages consacrés à sa vie ainsi qu'à celle du philosophe et maître spiritiel, Swami Vivekananda. Spinoza était présent, d'une certaine manière, lors des échanges épistolaires entre le psychanalyste et l'écrivain dont la pensée s'inspirait de celle du philosophe néerlandais ; notamment dans les domaines concernant les passions, la joie, les religions, la raison ou bien encore la libération des affects.

L'impression d'immersion au sein d'un vaste océan émotionnel (produite par le sentiment océanique), la sensation d'intégration quasi-fusionnelle pouvant créer une dépossession de l'individualité, pourrait s'apparenter à une forme de révélation, de compréhension surnaturelle de l'univers, d'extase. On pourrait y voir également la naissance d'une sagesse lumineuse qui viendrait habiter l'être.

Sagesse et solitude

La solitude concerne fondamentalement tout être humain. Il devra parfois pactiser avec elle. Quant au sage, *il n'est plus proche de la sienne que parce qu'il est plus proche de la vérité*, a écrit André Comte Sponville (8). La solitude n'est cependant pas l'isolement. Certains la vivent en ermite, d'autres dans la famille ou même dans la foule. Etre isolé, c'est être sans contact, sans relations, sans amis etc. Mais être seul, c'est être soi. En fait, la solitude pourrait se comparer à l'effort d'exister :

personne ne peut vivre à notre place. Si l'on peut certes s'entraider, cela suppose également un effort solitaire de chacun.

La solitude n'est pas un refus de l'autre. Au contraire. Accepter autrui, c'est accepter sa solitude également. L'amour dans son authenticité est également solitude. L'écrivain autrichien Rainer Maria Rilke évoque ce thème : *ces deux solitudes se protégeant, se complétant, se limitant et s'inclinant devant l'autre*. L'amour n'est pas le contraire de la solitude : c'est une solitude partagée, habitée mais parfois assombrie par la solitude (intérieure et tenace) de l'autre : celle qui vient se nicher au fond de l'âme avec sa tristesse infinie, mal identifiée, incomprise, lourde et pénalisante. Des attitudes spirituelles, des occasions de ressourcement seront nécessaires pour considérer, toujours avec une grande bienveillance, cette béance puis l'apaiser.

Des scientifiques américains se sont penchés à nouveau sur les travaux d'une thèse établie lors d'études antérieures concernant les notions de sagesse et de solitude. Elle soulignait que des traits de sagesse correspondaient à certaines régions du cerveau, de sorte que des personnes plus sages développaient des sentiments plus forts de bonheur et de bien-être. Inversement, celles qui faisaient preuve de sagesse modérée tendaient à être moins satisfaits de la vie. Par ailleurs, il avait également été perçu que les personnes qui faisaient preuve d'une grande sagesse ressentaient moins le sentiment de solitude. Et inversement.

Si on relève bien l'importance de la solitude et du silence pour accéder à la lucidité nécessaire qui permet de prendre de la distance avec ses émotions, ces états ne sont pas toujours installés harmonieusement au sein d'une personne. Le ressenti reste ainsi inégal dans le cadre d'une population. Il y aura, dans bien des cas, un ajustement à réaliser au fond de soi afin de profiter au mieux de ces états qui célèbrent l'autonomie de l'être. Il faudra notamment pouvoir accepter une solitude en lien avec une révolte, une colère que l'on porte en soi. Un travail sur sa propre personne devra être entrepris dans la plupart des cas ; afin de ne plus s'autosaboter, de comprendre ses propres mécanismes internes pour pouvoir ainsi se diriger vers une renaissance et/ou une réactivation individuelle de son potentiel originel.

En premier lieu, il s'agit bien de vivre. Il s'agit de se rendre moins dépendant de la crainte tout comme de l'espérance ou de l'espoir ; pour avancer en conscience sur le Chemin de l'action, de la sagesse. Celle-ci est souvent en partie déjà incluse, parfois de façon masquée, dans le vécu quotidien. La sagesse, c'est cet *ici et maintenant* que l'on vit consciemment, sans une perturbation causée par une obsédante réflexion philosophique, par des rêves, des angoisses, des projections. La sagesse ne représente pas obligatoirement une autre vie qu'il faudrait parvenir à définir : c'est la vie, la vie elle-même ; avec ses tragédies, ses douceurs, ses beautés et ses laideurs, ses actes d'amour et ses plages de solitude intense. La sagesse, c'est savoir intégrer tous les moments vécus quelqu'en soit leur nature. On rejoint dès lors, avec cette façon d'être, la quête philosophique dans laquelle la personne se trouve, lorsque son désir se porte sur la recherche d'un apaisement de l'âme, d'une sérénité retrouvée.

THEORIE & PRATIQUES PHILOSOPHIQUES

La sagesse et la spiritualité
au service du Mieux-être

1. Penser autrement l'existence

Objectif de la philosophie

La philosophie n'est pas née en un jour et n'est pas issue de rien non plus. Si les conditions de sa naissance ont été favorisées sur le territoire de la Grèce antique, cela ne signifie pas cependant que les penseurs et sages grecs soient au sens strict, des philosophes. Cependant ces pensants, ces savants ou ces sages que l'on qualifie de présocratiques ont eu de grandes inspirations qui ont permis de façonner l'avenir.

Il faudra attendre Parménide, né à la fin du VIe siècle av. J.-C. pour que la philosophie ait un véritable représentant. Il lui a apporté un *objet* qui devait rester pour toujours en son centre : l'Etre. *Seul l'être est car lui seul peut être pensé. L'essence d'une personne fait partie de l'ensemble de l'univers et de tous les autres êtres vivants qui s'y trouvent.* Il énonce que rien n'est capable de changer de manière significative parce que la substance (la matière) même de la réalité est immuable : une personne peut penser qu'elle change avec l'âge, cependant seule son apparence extérieure se modifie et non pas son Essence. Le cheminement initiatique s'appuie *naturellement* sur un discours sur l'Etre, sur la vérité et non pas directement/essentiellement sur un art de vivre, sur une manière de se comporter en fonction de l'âge acquis.

L'objectif de la philosophie est de connaître mais également de comprendre l'Être, l'existence humaine ; c'est-à-dire *Tout* finalement. Cependant, *la philosophie n'est pas fondamentalement une spécialisation, ni une discipline - elle refuse ardemment l'enfermement disciplinaire - que l'on pratique sans conséquences pour des choix de vie*, conclue Jean-Claude Baudet (9) philosophe spécialisé dans l'étude de la connaissance. Il est vrai que la figure antique du Sage met clairement en valeur un autre statut : il n'est pas uniquement un homme de suprême savoir, c'est aussi et même surtout un modèle, par ses actions et son comportement.

A la source de la philosophie, coexistent deux éléments majeurs : la Connaissance et la Compréhension ; c'est-à-dire finalement l'Action, car comprendre, c'est agir. C'est en devenant capable d'agir sur l'Être que la connaissance devient compréhension. Faire de la philosophie, c'est être en chemin, en quête de vérité et donc à l'opposé d'une attitude dogmatique. Cependant, on constate que la philosophie a été notamment au Moyen-Age une servante de la religion dominante.

L'Histoire montre que le souci de comprendre est antérieur au désir de connaître. Les *sagesses* de l'Egypte pharaonique qui apparaissent bien avant l'avènement de la philosophie en Grèce (VIe siècle av. J-C.) ne sont que des morales. Elles ignorent le lien profond qui relie la connaissance à l'action.

C'est notamment avec l'intégration de la raison, avec le *logos* d'Héraclite et le *noos* d'Anaxagore, que la philosophie apparaîtra réellement ; tel un savant mélange de pratique et de théorie. Ainsi, les Grecs fonderont la philosophie en ajoutant la dimension cognitive à la préoccupation morale.

La quête philosophique est donc construite sur la base de deux constituants : la Connaissance, qui est souvent axée sur le Passé et l'Action, qui reste la plupart du temps nourrie de l'attente d'un Futur. *Si la philosophie ne nous donne pas la vérité, au moins elle nous préserve des raisonnements invalides, des observations mal faites, des illusions, des rêves idéologiques, et des mensonges. Et donc des fanatismes et de la terreur*, énonce Jean-Claude Baudet, dans son ouvrage *La vie des grands philosophes*, paru en 2013.

Faire de la philosophie n'est-ce pas assimilable à un refus de l'engagement pour se diriger dès lors vers une option de fuite, d'évitement et ainsi se montrer en partie indifférent au monde difficile environnant ? La philosophie n'était-elle pas une utopie comme bien d'autres disciplines ? Ou bien encore un refuge pour survivre ? Il faut bien admettre que ses lumières restent insuffisamment perçues par l'espèce humaine, dans son ensemble.

Dans un ouvrage de l'écrivain autrichien Stefan Zweig, on découvre l'existence de pêcheurs au bord de la Seine qui continuent de pêcher, sereinement, alors que Louis XIV était sur le point de mourir. L'auteur souhaitait mettre en relief cette indifférence, la fuite de ces hommes, face à des événements majeures qui concernent la nation à laquelle ils appartiennent. A d'autres périodes de l'Histoire, des attitudes similaires se sont produites. La philosophie peut-elle avoir un impact significatif sur la pensée quotidienne des Hommes, afin de les amener à mieux s'impliquer dans la vie citoyenne ? Est-elle toujours d'actualité ? Ces questionnements sont similaires à ceux qui impactent la psychanalyse et ses pratiques depuis quelques années ; notons que l'essentiel est bien de continuer à s'interroger sur le contenu de la philosophie, sur son essence, sur sa portée et sa puissance dans le but d'éclairer l'Homme qui a le désir de progresser sur le Chemin du Bien-être.

Certains intellectuels poursuivent cette réflexion en s'interrogeant sur une place possible de la philosophie *classique,* au cœur du XXIe siècle. Chercher de maniere rationnelle, rigoureuse comment l'on peut mieux vivre (au sein de ce qui existe autour et en soi), c'est déjà faire de la philosophie. Une juste considération de sa propre existence vient modifier non pas l'ordre ou le cours du monde mais l'attitude de la personne ; elle fait naître en la personne une attention, une manière de vivre, d'être plus posément. La part théorique qui s'installe n'est qu'un moyen pour parvenir au but. *La philosophie enseigne à faire, non à dire*, nous dit Sénèque. *Vaine est la parole du philosophe si elle n'arrivait pas à guérir le mal de l'âme*, déclare une sentence épicurienne. Le philosophe - tout comme l'apprenti - sont ainsi des véritables explorateurs de la condition humaine.

Socrate

A travers les siècles et tout d'abord dans l'Antiquité, Socrate a été le modèle du philosophe.

Cependant, Descartes ou Spinoza l'évoquent à peine. Presque tous les philosophes qui ont évoqué Socrate (469-399 av. J.-C.) ont parlé de lui à partir des écrits de Platon (427-347 av. J.-C.), l'un de ses disciples. *Il l'a idéalisé car il a voulu mettre en valeur toute la signification philosophique de la figure de Socrate* indique Pierre Hadot dans son ouvrage *La philosophie comme manière de vivre*. Les philosophes ont suivi l'exemple de Platon et ont projeté, à leur tour, leurs préoccupations sur Socrate. Ainsi c'est davantage un Socrate mythique qu'historique qui a eu une influence sur l'histoire de la philosophie. L'idéal philosophique que l'on a retenu se porte essentiellement sur sa vie (et sur sa mort) elle-même consacrée entièrement aux autres, afin qu'ils puissent par la suite mieux prendre soin d'eux-mêmes (ce qui constitue une étape sur le Chemin de sagesse), qu'ils se rendent meilleurs. Il se voit ainsi comme un *accoucheur* des âmes : le Socrate de Platon sait beaucoup ; cependant, Socrate, lui-même dit qu'il ne sait rien ; il sait qu'il ne sait rien ; par ailleurs, il dit ne pas craindre la mort. Pour lui, sa mission est de dire à chacun qu'il doit s'occuper de son âme, lui donner plus d'importance que le reste notamment en ce qui concerne l'acquisition de biens matériels.

Les philosophes antiques ont eu très fortement le souci des autres. Socrate se présente d'ailleurs comme celui qui a reçu principalement cette mission. Chez Platon, chez les stoïciens, leur philosophie revêt cet aspect missionnaire. Sénèque dans sa Lettre 48, a écrit : *vis pour autrui si tu veux vivre pour toi. On ne peut pas être heureux pour lui si on ne considère que soi.* Certes, il faut d'abord se transformer soi-même afin de pouvoir aider autrui ; mais cette transformation passe précisément par une attention aux autres, par un oubli de soi, sans se négliger.

Entre ignorance et sagesse

Les philosophes et leurs réflexions nous invitent à prendre du recul sur la vie, à appréhender l'homme autrement, à repenser notre place dans le monde mais aussi à accepter la vulnérabilité ou l'absurdité de la condition humaine. Ils utilisent la philosophie comme quête de sagesse, comme cheminement initiatique. L'exploration des différentes voies de cette sagesse afin d'apaiser - par la raison, par la compréhension et la connaissance - l'esprit tourmenté et l'âme blessée ainsi que l'appropriation d'une manière sereine d'exister, sont des paris que la philosophie peut engager afin d'endosser un statut authentique, celui d'être un art de vivre.

Le philosophe est un rôdeur, un marcheur inépuisable qui se garde bien des sortilèges rassurants des certitudes avec lesquelles pourtant il est familier ; il erre sans cesse sur les pentes d'une montagne dont le sommet serait la sagesse et les deux vallées profondes, l'ignorance et l'érudition. L'errance est le lot et la garantie de toute philosophie, dont l'itinéraire s'élabore dans l'exigence du discoursdu sage ou de l'artiste. La vérité du philosophe, c'est l'exigence, l'exigence de vérité. La sagesse doit être nécessairement comprise comme un idéal de raison pratique. Elle se conçoit comme image, celle de l'homme idéal qui incarne l'effectuation parfaite du raisonnable humain, l'éternité dans l'instant, la perfaction de la finitude. Enfin, le dogme est la suprême menace que doit affronter le philosophe : ces lignes sont extraites de l'ouvrage de Nicolas Go, qui s'intitule *L'art de la joie*. Elles décrivent admirablement bien le philosophe qui se situe - pour reprendre l'énonciation de Platon dans Le Banquet - en un lieu intermédiaire entre l'ignorant (qui se figure être sage sans l'être et ne peut donc le devenir) et le sage (qui ne s'emploie pas à le devenir puisqu'il l'est déjà). Il doit sans cesse retisser sa toile, qu'il défait sans fin, tout comme Pénélope. La démarche philosophique, l'aventure philosophique est une inclinaison, une aspiration convertie en action en direction de la sagesse. Elle s'affirme comme une activité qui arrache le désir à l'ignorance pour le convertir à la sagesse et métamorphoser ainsi l'amour. La sagesse devient donc l'ultime objet de l'amour.

Il y a chez Montaigne une idée dominante : celle que l'Homme est finalement une bête stupidement orgueilleuse ; que sa présomption est la cause de toutes ses folies. De cet orgueil, il faudra en guérir ; car c'est bien lui qui construit les intolérants, qui allume - au nom d'une vérité que les persécuteurs estiment posséder - les bûchers de leurs victimes. *Si l'Homme était sage, il prendrait le vrai prix de chaque chose selon qu'elle serait le plus utile et propre à sa vie*. Ainsi, ce qui importe dans la vie, c'est ce qui nous aide à vivre et à vivre en conservant ce que souhaite notre Nature, c'est-à-dire (comme l'ont énoncé Socrate et Epicure) notre sérénité intime et notre joie, fruits d'une sagesse qui accueille les différentes tribulations de la vie *loin de l'agitation du monde*. Cette conception de la sagesse se rapproche de celle d'Erasme qui cultiva lui aussi une philosophie de vie apaisée (loin de l'effervescence de la vie en société, tournée vers l'intériorité pour embrasser les besoins simples de l'être humain), tolérante à l'égard de nos faiblesses et convaincue que le bien existe dans la nature humaine. Les deux penseurs (Socrate et Epicure) se trouvaient dans une situation similaire qui les mena à recourir d'ailleurs à la même source antique : la philosophie morale gréco-latine. Quant à Michel de Montaigne, il était tout aussi proche de cette conception de la sagesse, de la vie, et avait déclaré : *J'aime une sagesse gaie et civile et fuis l'âreté des mœurs et l'austérité*.

Terminons cette partie avec une phrase duc philosophe André Comte-Sponville qui souvent vient solliciter judicieusement notre sagacité :

parce qu'elle nous aide à penser, la philo n'est pas la sagesse.

2. Contribution et courants philosophiques

L'apport d'autres disciplines

La sagesse, ainsi, ne pouvait que faire partie des études de la philosophie qui peut se définir comme un cadre de réflexions raisonnées menées envers la condition humaine. Elles permettent à l'homme de mieux comprendre le monde et d'agir sur sa propre vie. Les désirs des philosophes se sont toujours portés sur la manifestation de la conceptualisation, de l'argumentation, de problématisation concernant les grandes questions de la vie.

En s'intéressant à la sagesse, la philosophie savait pertinemment qu'elle devait également côtoyer la théologie, la mystique et même la mythologie. La recherche rationnelle des principes des choses semble toutefois les séparer. Aristote avait avancé l'hypothèse que les premiers théologiens et les premiers philosophes avaient érigé une pensée commune. Quand les uns parlait de Dieux, les autres évoquaient des principes. Quant à Platon, il affirmait que la théologie était une épuration philosophique de la présentation mythologique des Dieux. Nous laisserons de côté, dans cet ouvrage, les petites querelles théoriques mais également les compromis conceptuels qui peuvent exister entre les diverses disciplines et pratiques.

Philosophies antiques

Penchons-nous à nouveau sur la sagesse, objet d'étude pour la philosophie, dans la mesure où elle naît d'un étonnement, celui de l'absence de sens dans le discours et les actes humains. Il devient dès lors nécessaire d'essayer de remettre un peu d'ordre et apporter de la lumière au sein du chaos originel et ce sera l'un de ses buts.

La philosophie apparaît et sera donc concrétement représentée au VIe siècle av. J.-C., avec ceux que l'on a nommé plus tard les présocratiques (les prédécesseurs de Socrate). C'est d'abord en rupture avec les modes antérieurs d'explication du monde qu'elle s'élabore et notamment en s'opposant à l'explication mythologique des phénomènes. Ainsi, si l'on veut comprendre la Nature, il faut rompre avec l'explication irrationnelle recourant au divin. Les présocratiques (Thalès de Milet, Parménide, Pythagore...) font œuvre de scientifiques : leur projet est d'expliquer le monde, non pas à partir d'un principe mystérieux et transcendant mais à partir de la *raison* même. Ils veulent comprendre l'origine et l'organisation de l'univers non plus en référence aux mythes mais en ramenant, à un principe originel et naturel, l'existence de toutes choses. Le questionnement ne sera plus seulement théorique mais également pratique. La philosophie platonicienne des décennies précédentes visait à éduquer le citoyen ; mais lorsque les cités grecques seront sur le déclin, des questions d'ordre éthique surtout en lien avec l'organisation des rapports sociaux, viendront dès lors s'imposer.

L'épicurisme et le stoïcisme

Ainsi, de nouvelles formes de réflexion portant sur les valeurs mais également sur les conditions de vie vont émerger : épicurisme et stoïcisme se présenteront dès lors comme des sagesses visant essentiellement le bonheur ; ce dernier devient l'affaire de l'individu lui-même car il ne parvient pas à s'établir dans la cité. Pour y accéder, l'ascétisme (attitude historiquement attachée à une conception platonisante du monde) deviendra une des réponses et prendra un essor remarquable. En considérant les formules d'Epictète et d'Epicure, (*supporte et abstiens-toi ; avec un peu d'eau et un peu d'orge, je rivalise félicité avec Jupiter*), il n'est pas déraisonnable de penser que les éthiques épicurienne et stoïcienne puissent être des partisannes de l'ascétisme. L'essentiel, pour ces deux courants de sagesse, est de se débarrasser des troubles de l'âme.

L'éthique épicurienne exige une maîtrise du corps et de ses affections. La lettre à Ménécée (texte fondateur de l'épicurisme) propose une véritable thérapie de l'âme et du corps qui passe notamment par l'ascèse, le contrôle des désirs en vue de l'acquisition d'un *plaisir* stable qui apportera le bonheur. Ce contrôle permet de conserver la santé de l'âme et celle du corps, en lui évitant nombre de douleurs physiques (aponie). Epicure nous apprend à être heureux avec le strict nécessaire, à éliminer non pas les plaisirs mais ceux qui sont non naturels, non nécessaires. Ainsi, en employant les mots d'aujourd'hui, c'est l'idée d'une *sobriété heureuse* qui est mise en avant. *Et il faut voir [...] que parmi les désirs, certains sont naturels, d'autres vides, et que parmi les désirs naturels, certains sont nécessaires, d'autres seulement naturels ; et parmi les désirs nécessaires, certains sont nécessaires au bonheur, d'autres à l'absence de perturbations du corps, d'autres à la vie même. En effet, une observation sans détour de ces distinctions sait rapporter tout choix et tout refus à la santé du corps et à l'ataraxie, puisque telle est la fin de la vie bienheureuse,* précise Epicure (*Lettre à Ménécée*, trad. J.-F. Balaudé).

Quant à l'ascétisme propre à la sagesse stoïcienne, il repose sur l'ataraxie permettant un accès au bonheur par la suppression de la douleur grâce à la raison de l'homme. La souffrance est à l'origine du mal-être. L'exigence, en matière de comportement, semble être la seule possibilité pour parvenir à ce que Spinoza dénommera plus tard le Bien véritable.

Augustin d'Hippone

C'est bien plus tard, à partir du IVe siècle ap. J.-C., que la philosophie s'associera avec la théologie. Notamment avec Augustin d'Hippone. Philosophe et théologien chrétien, évêque d'Hippone (nom antique de la ville d'Annaba, située au nord-est de l'Algérie), Augustin a porté son attention sur la capacité qu'offre la raison : elle permet à l'homme de s'approcher de la vérité des choses, dans une perspective qui intègre une certaine dimension spirituelle. Tout comme pour les philosophes de son temps, la philosophie est pour lui une discipline pratique dont le but principal est la recherche du bonheur et où l'éthique domine la logique et la métaphysique. Mais la philosophie n'était pour lui qu'une étape sur le chemin conduisant jusqu'à la foi. Sa pensée morale se rapproche davantage de l'éthique de la vertu de la tradition occidentale classique que de l'éthique du devoir et du droit, associée au christianisme. Si Augustin tend à unifier les vertus autour de l'amour de Dieu, il recourt malgré tout parfois au conséquentialisme, approche morale consistant à faire un choix en fonction des conséquences réalistes et non en fonction d'un idéal absolu.

C'est la lecture de l'Hortensius de Cicéron qui va pousser Augustin vers l'étude de la Sagesse.

Comme le christianisme en Afrique du Nord se déclarait représentant de la Sagesse véritable, Augustin aurait pu être attiré par lui. Cependant, l'Église africaine, très pragmatique, offrait peu d'attrait pour l'intellectuel qu'il était. Sa sagesse le fera progresser vers le manichéisme (en pleine expansion à l'époque) ; il en condamnera plus tard les principes blasphématoires. Augustin est le théologien-philosophe qui aura le plus mis l'accent sur l'idée de transcendance divine.

Pour conclure, on peut dire que c'est par lui que le platonisme est entré dans la théologie chrétienne, comme ce sera le cas avec Thomas d'Aquin pour la doctrine d'Aristote.

L'enseignement de la philosophie

Qui connait de nos jours la loi Camille Sée de 1880, loi portant le nom d'un député de Saint-Denis, à la fin du XIXe siècle ? Si elle a permis aux jeunes filles d'accéder à l'enseignement secondaire, elle est restée cependant très limitante en matière de programmes enseignés, tout particulièrement en philosophie : (…) *beaucoup de jeunes filles seraient capables, sans doute, de suivre jusqu'au bout et avec succès tout le programme des lycées ; mais il ne s'agit pas de leur donner toutes les connaissances qu'elles sont aptes à acquérir ; il faut choisir ce qui peut leur être le plus utile, insister sur ce qui convient le mieux à la nature de leur esprit et à leur future condition de mère de famille, et les dispenser de certaines études pour faire place aux travaux et aux occupations de leur sexe. Les langues mortes sont exclues ; le cours de philosophie est réduit au cours de morale ; et l'enseignement scientifique est rendu plus élémentaire ; on peut ainsi donner de l'extension à l'étude de la langue française, des langues vivantes, de la littérature et de l'histoire, tout en restreignant le nombre des années de la scolarité.*

Près d'un demi-siècle après les proclamations de Victor Cousin (en 1841) sur le rôle primordial de l'enseignement de la philosophie à l'école, on aurait pu espérer une plus grande ouverture. La réduction de la philosophie à la morale pour les lycéennes traduit la résistance de l'église catholique face à la construction d'une république laïque : en effet, l'enseignement de la philosophie représentait une menace pour la religion.

Les femmes philosophes

Considérée comme la matière reine sous la Troisième République, la philosophie (et notamment son enseignement) a longtemps été interdite aux femmes. Car les législateurs de l'époque pensaient qu'il s'agissait de donner les bienfaits de l'instruction aux femmes mais dans le cadre d'une vie de mère au foyer devant répondre aux besoins de leur mari et de leurs enfants. Ils souhaitaient que l'on forme de bonnes mères et de bonnes épouses et non pas des citoyennes. Il faudra attendre les premières années du XXe siècle pour que les femmes commencent à entrer à l'Université. C'est une Roumaine, Alice Voinescu, née Steriad, décédée en 1961, qui sera la première à soutenir une thèse en philosophie, à la Sorbonne, en 1913. Léontine Zanta, décédée en 1942, a été, quant à elle, la première femme française docteure en philosophie.

Hors des champs scolaire et universitaire, certaines femmes ont réussi à affirmer leur pensée philosophique, à des périodes bien différentes de l'Histoire. Depuis l'Antiquité, tout comme les hommes, elles ont écrit et se sont adonnées à la philosophie. Cependant, on ne retrouve pas leurs travaux de penseuses parce qu'ils ont été invisibilisés. Soutenir l'idée qu'il n'y a pas eu de femmes écrivaines et/ou ayant développé de pensée importante (leur absence aux cours de philosophie pouvant s'interpréter comme l'une des raisons) reste totalement erronée. Elles ont été présentes même s'il est certain, qu'en raison du contexte et de leur situation, elles ont été moins nombreuses que leurs homologues masculins ; cependant, elles n'ont pas été pour autant inexistantes. On cite souvent Hypatie d'Alexandrie (IVe siècle ap. J-C.) comme étant une figure majeure de la philosophie néo-platonicienne. Ses œuvres ont été perdues et nous les connaissons seulement grâce à des témoignages de l'époque.

A l'inverse de la plupart des historien(ne)s qui se sont penché(e)s sur la place de la femme au sein de la réflexion philosophique, Mme Isabelle Koch, Professeur à l'université d'Aix-Marseille soutient l'idée que la *philosophie antique a créé un lieu où les femmes pouvaient occuper une place équivalente à celle des hommes, et parfois même la première place*. Cette remarque porte sur ces femmes qui ont été réellement philosophes ou se sont imposées, en tant que philosophes, dans l'Antiquité. Pour une partie d'entre elles, cette désignation ne s'appuie pas sur un rôle actif qu'elles auraient joué dans la production d'ouvrages ou la transmission de savoirs propres, au sein d'une école philosophique. Elles n'ont pas toutes été auteures ou professeures. Cependant, beaucoup d'entre elles sont considérées comme des philosophes du fait qu'elles fréquentaient un cercle philosophique avec assiduité, ce qui atteste leur intérêt pour la philosophie et pour une participation active aux débats internes. *On trouve des femmes dans toutes les écoles philosophiques antiques, même si certaines semblent en avoir compté davantage que d'autres*, note également Isabelle Koch.

Les femmes ont-elles développé une activité philosophique différente de celle des hommes, au sein des écoles ? Il semble que non. Par exemple, les témoignages portant sur la philosophe grecque Hypatie (v. 370-415), qui sont parmi les plus détaillés au sujet de la production philosophique d'une femme, font état - d'une part - d'une recherche en histoire des mathématiques (en géométrie notamment) et en astronomie, dans le pur esprit du programme d'études platoniciennes classiques et - d'autre part -, d'un enseignement en histoire de la philosophie reposant sur les doctrines de Platon et de ses successeurs.

À de rares exceptions près, on peut remarquer que toutes les figures féminines recensées par le *Dictionnaire des Philosophes Antiques* - publication monumentale dirigée par *Richard Goulet* historien et chercheur, qui en est l'initiateur et le coordinateur, - ont un lien de parenté avec *un* philosophe : sœur, épouse, mère, belle-fille. Il y eut cependant un autre mode d'accès à la philosophie que celui des liens familiaux ; ainsi, l'impératrice romaine, d'origine syrienne, Julia Domna (160-217) qui fréquenta des philosophes et des sophistes de son époque permit à de très nombreuses femmes d'étudier la philosophie.

Au XIXe et au XXe siècles, des femmes philosophes célèbres ont mis en avant leurs travaux. Ainsi, nous pouvons citer, entre autres, Sophie de Grouchy, marquise de Condorcet (1764-1822) qui a tenu un salon philosophique à l'aube de la révolution française, fréquenté par des grandes figures du féminisme, des philosophes, des femmes et hommes de lettres. Elle a écrit un essai sur l'admission des femmes au droit des cités ; Lou Andréa-Salomé (1861-1937), proche amie de Nietzsche ; Hannah Arendt (1906-1975), philosophe et théoricienne politique ; Simone de Beauvoir ; Philippa Foot (1920-2010), reconnue pour ses travaux sur l'éthique des vertus contemporaines - dont Platon fut l'initiateur théorique -, à travers notamment son ouvrage *Le bien naturel* qui revèle qu'être vertueux, pour soi comme pour les autres, reste une nécessité et constitue *bien* une démarche rationnelle.

Poursuivons désormais notre étude avec l'exploration de l'univers complexe de la quête du bonheur.

3. En quête de bonheur, de joie

Manifester notre puissance

Se mettre en quête de ce qui nous met en joie et fuir ce qui nous rend triste reste la priorité. Ainsi, portons toute notre attention sur les deux notions évoquées en début d'ouvrage : le bonheur et la joie. Malgré les appparences, elles sont assez faciles à différencier. Car finalement, les deux termes sont assez éloignés l'un de l'autre même si la joie, les joies, promettent, amènent en puissance une part de bonheur. La joie, la vraie, est une émotion qui traverse la personne, sans l'habiter profondément dans un temps long. Elle se veut éphémère comparativement au bonheur, qui lui se veut être un état d'être durant lesquel le bien-être semble éternel.

On est dans la joie lorsqu'on est traversé par un élan vital. Quand on aime la vie de manière inconditionnelle, la joie arrive. Quand on dit *oui* à la vie, lorsque l'on consent à sa présence telle qu'elle l'affirme, on ressent la joie d'être, d'exister sans conditions aucune ; même si celles-ci sont encore sous-jacentes dans la conscience. S'en délivrer après de longs efforts sans doute faisant suite à une épreuve, va permettre d'accéder à ce ressenti propre à la joie. Chaque fois que l'on grandit, que l'on accède à une autre partie de soi, on est dans la joie : elle est la manifestation de notre puissance vitale, nous dit Spinoza. Quant à Nietzsche, il affirme que le consentement à la vie (amor fati) projette l'individu dans la libération, la délivrance, la joie intérieure, sans résistance, sans conditions : *la question promordiale n'est absolument pas de savoir si nous sommes contents de nous-mêmes, mais si, de principe, nous sommes contents de quoi que ce soit. A supposer que nous disions oui à un seul instant, de même coup, nous avons dit oui non seulement à nous-mêmes mais à l'exitence toute entière. Car rien n'est séparé de rien, ni en nous-mêmes, ni dans les choses ; donc si notre âme, un instant, a, comme une code, vibré et résonné de joie, alors toutes les éternités étaient nécessaires pour que cet unique événement ait lieu. Et toute l'éternité était, dans ce seul instant de notre oui, consentie, sauvée, justifiée, affirmée.* (F. Nietzsche, fragments posthumes, automne 1885 ; in œuvres philosophiques complètes, Ed. Gallimard 1979).

Lucidité envers l'existence

Bonheur et surtout joies n'ont été que partiellement évoqués par les philosophes de l'antiquité. Il aura fallu attendre M. de Montaigne, Baruch Spinoza et d'actuels penseurs pour aborder le sujet en profondeur. Il est vrai qu'il est bien difficile de rationaliser l'émergence d'une émotion. D'autant plus qu'elle (l'émotion de la joie/l'affect de la joie, pour Spinoza) peut surgir lors d'événements totalement opposés à l'idée que l'on s'en fait (lors d'un deuil etc.). Ainsi, elle peut devenir amorale pour certains dans sa perception, comme elle s'avère être féroce, dans son surgissement. Elle peut être subversive, avec des relents de jalousie, de ressentiment. La joie peut donc venir agresser ceux qui ne l'entendent pas ainsi. Si elle est à priori communicative, elle peut également susciter de l'incompréhension, de la convoitise. On peut la trouver coupée de la moralité, de la réalité, de la souffrance, de la justice. Cependant, la vraie joie est totalement lucide sur le côté obscur de l'existence : elle sait que beaucoup de peines existe mais elle souhaite habiter, traverser l'existence de la personne, malgré tous les écueils et les obstacles qu'elle rencontre.

La joie est une expérience concrète. Elle accouche d'un désir actif, d'un acte, d'une attitude intentionnelle. Elle traverse le corps, ce lien intermédiaire que l'âme entretient avec le monde. Elle a toujours une relation avec la réalité. Ainsi, il faut veiller à ce que cette dernière ne soit pas nourrie d'illusions ; il n'y a pas de vraie joie dans l'idéalisation de notre vie. Elle reste paradoxale car, ainsi que nous l'avons précédemment indiqué, elle peut apparaître dans des moment incongrus, inopportuns. La joie peut venir habiter tout aussi bien une personne contemplative qu'une personne combattante. Chez cette dernière, elle naît à la suite d'un parcours actif dans lequel elle s'engage, avec un but précis, afin de réaliser ce qu'elle conçoit comme un accomplissement pour elle-même, pour les autres également. La réussite du combat ne doit là encore pas être trop idéalisée, trop dépendante de la survenue d'une joie. Un échec est toujours possible et il est souhaitable de l'envisager afin d'éviter par la suite un effondrement personnel intérieur. C'est bien là que la sagesse intervient : elle permet de prendre en compte toutes les possibilités (avec ses conséquences) qui peuvent s'en suivre à la suite de ce combat engagé. L'acte créatif engendre de la joie ; le produit réalisé (une toile, une partition, un ouvrage, un objet utilitaire...) peut (ou non, peut-être) en générer ; c'est ainsi. L'essentiel, c'est d'avoir en ligne de mire un *objet* de désir, de tendre vers quelque chose ; et l'action, qui en dérivera, pourra permettre à la joie de prendre possession du corps engagé.

Le consentement à la vie

Il devient nécessaire de franchir l'étape du consentement à la vie, dans toute sa signification, pour avoir ensuite le désir d'améliorer le réel, de développer une force d'amour, de vie, avant de combattre pour une cause. Le consentement libère en nous la vie ; il libère notre exigence d'ordre et de sens. On se doit de différencier consentement et résignation ; celle-ci est un *oui* dit du bout des lèvres. La personne résignée dit oui à tout, même au mal par lequel elle se laisse approcher. *La personne consentante au contraire, en clamant haut et fort son adhésion, offre sa voix à ce qu'il y a de puissant dans la vie*, nous dit le philosophe Martin Steffens, dans son *Petit traité de la joie*. Tout *oui* véritable, authentique dit *non* à la mort. La résignation amène la personne à baisser les bras ; le consentement, lui, permet de les ouvrir sans limitation, énergétiquement parlant. L'homme qui consent reconnaît cependant la limite de son pouvoir sur les choses ; mais cette restriction, cette contrainte devient sa plus grande victoire. Il se défait de son illusoire toute-puissance. Le oui peut être tragique ou bien religieux, chrétien, issu d'une foi laïque. De quel côté se trouve la plus grande adhésion à la vie ? Chez celui qui, héroïquement, l'aime malgré tout ou bien chez celui qui l'accueille comme la grâce qui chaque jour lui est accordée ?

Le consentement est un actif dessaisissement : l'énergie est toute entière donnée à accueillir l'épreuve du mieux qu'on peut. Pour atteindre la joie, il faut passer par la souffrance, nous rappelle François Cheng (10), un peu comme dans le parcours de vie de St François d'Assise. Il y a une sorte de transcendance à vivre, de métamorphose à éprouver : celle du passage de la douleur à la joie (de vivre), à l'épanouissement et à l'apaisement de l'âme et du corps, au sein d'une approbation inconditionnelle de la vie, d'un renoncement parfois. Il y a comme une reconnaissance, une gratitude de l'existence à opérer. Entreprendre une quête de sagesse, nourrie par la reconnaissance du consentement et par celle du renoncement, libère un potentiel de joie intérieure.

La Pleine sagesse de l'instant présent

Dans l'évangile selon Marc (chapitre VI, verset 25), on se réfère à l'instant présent ; celui qui nous met en contact avec le cosmos tout entier. Un état de sagesse en effet se dégage, s'établit lors de la considération et de l'accueil du moment présent, de sa valeur pleinement infinie. A partir de cette reconnaissance conscientisée du temps actualisé peut naître un état d'émerveillement porté envers l'existence, si bien entendu, certaines conditions de base, en lien avec le contexte de vie, sont propices au développement d'un tel ressenti. Cet état de sagesse, né à partir du vécu de l'instant présent, implique un détachement total envers nos espoirs, nos aspirations futures, une libération de nos craintes quant à notre avenir ; il exige d'effectuer une conversion totale en ce qui concerne notre relation au temps. Cette temporalité du présent peut être vide, dépourvue d'acte, de projet en vue ; elle devient un espace de relâchement de l'emprise que l'on souhaite souvent avoir sur le temps. Revenir aux sensations de notre corps au sein de cet espace/temps du Présent permet de s'ancrer et de laisser le mental se dissoudre, de recouvrer ses forces.

L'action n'est pas forcémént exclue de cet état de sagesse. Mais la solution est intérieure à soi, qu'elle soit contemplative ou totalement active. Elle est en corrélation directe avec ce que notre âme cherche à nous faire accomplir, sans aucune dépendance à des variables habituelles. Par ailleurs, des exercices spirituels (méditation, respiration...) peuvent être accomplis dans le cadre d'une pratique philosophique afin de pouvoir s'inscrire davantage dans cet espace de ressourcement que représente à lui seul le moment présent. Des actes, en lien avec sa propre éthique personnelle, peuvent ainsi être engagés, permettant d'exercer sa pensée d'une manière concrète, bénéfique.

François Cheng, dans son ouvrage *Cinq méditations sur la mort*, évoque l'instant mais en le dissociant du présent : *l'instant n'est pas synonyme du présent : le présent n'est qu'un chaînon ordinaire dans l'ordre chronologique ; l'instant, lui, constitue un moment saillant dans le déroulement de notre existence, une haute vague au-dessus des remous du temps. L'instant est une instance de l'être où notre incessante quête rencontre soudainement un écho, où tout semble se donner d'un coup, une fois pour toutes.* Cette distinction entre ces deux notions temporelles apporte un correctif important au sein de l'évocation du concept *espace-temps* ; distinction qui rappelle celle que l'on retrouve en linguistique avec les deux dimensions, les deux états, que sont la diachronie et la synchronie.

4. L'acte de joie

Une plénitude active, intuitive

La création artistique permet aussi d'engendrer de la joie, tout comme la rencontre amoureuse, la Recherche, la construction d'une amitié, la contemplation... Une sorte de jouissance spirituelle et sensuelle, intense, se déploie dès lors ; des *petits moments de joie qui viennent constituer du bonheur*, nous rappelle Robert Misrahi. Cependant, il serait encore plus *estimable* de parvenir à faire naître la joie *par* soi, en soi ; par des actes de joie, nourris d'engagement(s), qui peu à peu amèneront un sentiment, un resssenti de plénitude, d'apaisement, de bonheur. *J'ai pris bien des routes et bien des moyens pour arriver à ma vérité, j'ai usé de plus d'une échelle pour parvenir à la hauteur d'où mon regard parcourt mes lointains espaces. C'est toujours à contrecoeur que j'ai demandé mon chemin, j'y ai toujours répugné. Je préfère interroger les chemins eux-mêmes, et les essayer*, a écrit Friedrich Nietzsche dans le célèbre *Ainsi parlait Zarathoustra* (ouvrage publié entre 1883 et 1885).

Nous le voyons, la joie est essentiellement un acte. Le bonheur, quant à lui, devient dès lors un ensemble d'actes de joie, (qui par leur déploiement, génèrent de la joie) lorsqu'ils sont des actes *substantiels,* précise à nouveau le philosophe Robert Misrahi : c'est-à-dire au sein desquels le sujet pose lui-même ses valeurs et devient ainsi la source et l'origine de l'acte. Ainsi, la joie doit être subtantielle, concerner l'ensemble de l'être, nourrir et se nourrir d'elle-même. Elle devient matière, produit, fruit d'un désir acté ; elle prend la forme d'un sentiment actif. En dehors des joies instantanées, limitées à elles-mêmes, la joie implique un Sujet conscient, qui assure sa propre autonomie ; il sait qu'il est la source de raisons qui font sa joie ; et celle-ci est bien le fruit de sa propre activité. Pour que cette joie associée à d'autres puisse nourrir l'idée de bonheur, il convient que cette expérience soit donc substantielle : elle tend à s'ériger alors en acte, puisqu'elle s'accompagne d'un sentiment intense de *plénitude dynamique* (Robert Misrahi). La joie s'élabore donc à partir d'activités concrètes, entreprises par la personne et contiennent une valeur certaine pour elle.

Un acte dynamique

La voie de la joie est escarpée, *naturellement*. Elle n'est pas un long fleuve tranquille sur lequel nous pourrions manoeuvrer paisiblement, sans rencontrer divers obstacles, de toute nature. La joie donc se justifie par l'accomplissement d'actes intentionnels (de joie). Ils ne sont donc pas de purs plaisirs passifs, éphémères, issus de besoins et de leur satisfaction. La joie n'est pas un événement passif (tout comme le bonheur) mais un acte dynamique de la conscience. L'itinéraire menant à la joie, au bonheur, implique l'acquisition d'une certaine dose de liberté chez la personne qui a choisi dès lors de construire sa vie. Son désir conscient d'ancrer une ou plusieurs activités conduisant à la joie ne peut se faire que sous certaines conditions. Dès lors, celle-ci devient le résultat, la résultante de plusieurs paramètres qui viennent concourir, initialement, à sa naissance.

Les activités concrètes sont de plusieurs natures : l'une d'entre elles reste l'apparition d'un sentiment de joie née d'une réflexion sur ce qui peut amener à en produire ; une sorte de réflexion sur la réflexion. Par conséquent, on peut assimiler cette démarche à un acte philosophique, tout en reconnaissant que la philosophie ne se cantonne pas à aimer ou à rechercher la sagesse ; elle se veut être aussi une réflexion sur la manière de conduire et de construire sa vie dans le bonheur, par la joie ; tout en ayant à l'esprit que *le bonheur n'est pas le but de la vie mais le moyen (*Paul Claudel).

L'acte joyeux de philosopher

Cet acte de philosopher sur la joie, procurant donc... de la joie et devenant dès lors un acte de joie, vient constituer le fondement, les fondations du sentiment de joie. Il nourrit notre propre identité, notre propre assise. La joie de *fonder* les bases de sa vie, de s'établir, de *s'installer* au fond de soi-même, par la compréhension (de soi), la connaissance et la réflexion, est un sentiment, un affect de totale plénitude. Ainsi, on en vient à se réjouir du monde grâce à l'action. D'autres actes de joie possibles viendront à leur tour concrétiser la démarche ; notamment ceux ayant un lien profond avec les arts, la littérature, l'amour (en tenant compte de certains points portant sur sa définition, son contenu), la nature, la contemplation, le plaisir.

L'activité de recherche quant à elle, oriente, dynamise et nourrit également la conscience et procure de la joie ; notamment, si elle est fondée et orientée par des désirs de déploiement de l'expression de soi, de sa propre créativité et par des valeurs qui viennent enrichir la personne.

5. Joie, désir et jouissance

La joie active

La joie doit donc être engendrée par des activités concrètes, susceptibles de fournir à la personne ce sentiment de plénitude. L'origine de ces actions prend sa source dans le désir, dans un désir d'agir, éclairé préalablement par la connaissance ; un désir ne menant pas à une condition passionnelle génératrice de souffrance, notamment s'il est accompagné d'illusions qui alimentent un *tourment* (terme utilisé par B. Spinoza), une faiblesse, une dépendance. A l'opposé, sachons prendre soin d'un désir représentant un fondement, un socle sur lequel un itinéraire vers la joie puisse s'installer. S'il fait défaut chez la personne qui a pu vivre des événements difficiles, la puissance du Désir sera à restaurer, d'une manière ou d'une autre.

Ces actions concrètes générant de la joie subtantielle et portées par un désir peuvent donc s'orienter vers la réflexion philosophique (elle permet d'éclairer, d'élargir l'esprit de la personne concernant ses fondements, ses fondations), vers l'action ou bien encore la création. Elles viennent dynamiser, nourrir la conscience.

La joie n'est pas seulement une surprise enthousiasmante : elle est aussi et surtout (dans le but de construire un état de bonheur) la jouissance d'un acte de création et/ou de contemplation ; acte à la fois accompagné de *dynamisme et de vécu intense, justifiés*, nous précise une fois encore le philosophe Robert Misrahi. Ainsi, le sujet accède dès lors à une plénitude active, consciente.

Cependant, toute œuvre créatrice n'est pas source de joie. Tout acte n'est pas œuvre (de vie, de joie). Il y a comme une éthique de la joie à respecter pour parvenir à l'enthousiasme souhaité, à une certaine forme de jouissance. Une sorte de combat philosophique, spirituel, à l'intérieur de soi, reste à mener.

La notion de jouissance dans la philosophie de Spinoza

Le champ lexical de la jouissance est assez varié dans les écrits (rédigés en latin) de Spinoza, alors qu'en français, il reste assez pauvre. Il existe ainsi plusieurs mots qui permettent d'exprimer les différents aspects de la notion, au sein de la langue latine. A cet égard, les traducteurs ont bien vu que le verbe *gaudere* devait parfois être traduit par jouir et le substantif *gaudium* par jouissance. En effet, ce dernier mot ne peut, sans fausser le sens du texte, signifier toujours et partout cet affect passif de joie que l'on peut traduire communément par contentement ou épanouissement. D'autres termes encore viennent préciser les notions subtiles que le philosophe développe. Il suffira de se référer aux textes originaux, pour qui le souhaite, pour se rendre compte de la variété des substantifs et des verbes employés au sein de sa démonstration sur la jouissance. Il s'agira donc, pour le lecteur, de cerner au mieux le ou les sens précis que Spinoza souhaite donner au concept de jouissance.

Ainsi, un approfondissement de l'*Éthique* peut apporter de nouvelles précisions sur la notion générique de jouissance. La lecture de l'ouvrage de Juan Vicente Cortès (11) *La notion de jouissance de Spinoza* permet de rédiger une partie du développement qui suit : la notion de jouissance fait son apparition dans *l'Ethique* selon les différentes sortes d'objet (de jouissance). Ainsi, nous jouissons soit d'un affect de joie, qu'il soit passif ou actif, soit d'une chose que l'on appète (provient du latin appetere, qui signifie demander, désirer), que ce soit du point de vue du corps ou du point de vue de l'esprit, soit d'un bien (jouissance qui se décline en jouissance d'un bien relatif, au sens où il peut être un mal vis-à-vis d'un bien plus grand et jouissance du souverain bien), soit enfin de la vie - jouissance qui se décline, elle aussi, en une jouissance de la vie relative à la santé ou à la maladie (l'homme sain *jouit mieux de la vie* que l'homme malade) et en jouissance de la *vie des bienheureux* ; celle-ci est également jouissance de la *vie de l'Esprit* et consiste à conduire sa vie conformément à la Raison.

La première chose à noter est que ces différentes définitions de la notion de jouissance ne s'excluent nullement les unes des autres. Autrement dit, elles n'expriment pas forcément des différences dans la teneur de la jouissance. Ainsi, jouir d'un objet que nous considérons comme un bien, c'est jouir d'un affect de joie, du fait de l'identification faite entre joie et bien. Mais il y a aussi des jouissances qui ne s'établissent pas ainsi, qui se rapportent à des choses différentes.

On constate, d'une part, que la jouissance se caractérise par la *possession* de ce dont on jouit. Nous jouissons dans la mesure où nous possédons ou croyons posséder en acte ce qui nous manquait ou ce dont nous croyons manquer. Une telle possession (et/ou possessivité) se rapporte tantôt au corps, tantôt à l'esprit. En premier lieu, la jouissance peut venir satisfaire un *appétit* du corps, en modifiant par là son état présent et en le poussant à davantage de satisfaction. Ici, la jouissance se conçoit essentiellement du point de vue du corps.

Le champ lexical de la jouissance est donc très développé dans l'œuvre de Spinoza par l'emploi au minimum de trois substantifs ainsi que de trois verbes leur correspondant : *fruitio-frui* ; *gaudium-gaudere* ; *delectatio-delectare*. Juan Vicente Cortès livre ici une part de son analyse à propos de ce constat : *toutefois, bien qu'une telle analyse nous permette d'étendre le champ lexical de la jouissance, elle reste encore assez limitée. Elle ne permet pas, notamment, de trancher sur la question de savoir si c'est le gaudium et la delectatio qui doivent se ramener à la fruitio ou bien, au contraire, si ce n'est pas plutôt la fruitio et la delectatio qui se réduisent au gaudium, seul terme parmi les trois qui est explicitement défini par Spinoza. Il faudra compléter cette analyse par une autre, capable de cerner au mieux les déterminations du concept de la jouissance.*

Dès lors, nous pouvons constater l'existence d'une certaine part d'inconnu concernant cette notion-clef dans l'ouvrage de Spinoza. Nul doute qu'elle fera l'objet de recherches complémentaires, par des chercheurs passionnés par la sagesse spinoziste, durant les prochaines années.

Sagesse et jouissance

Le sage spinozien est loin d'être un ascète niant toute forme de vie humaine autre que celle de l'âme (c'est-à-dire, niant la vie du corps ou la vie sociale). *Il se refait et recrée en mangeant et buvant de bonnes choses modérément, ainsi qu'en usant des odeurs, de l'agrément des plantes vertes, de la parure, de la musique, des jeux qui exercent le corps, du théâtre, et des autres choses de ce genre.* (Extrait de L'*Ethique* IV, Proposition XLV, Scolie du corollaire II). Le sage ne se prive donc de rien *a priori* ; parce qu'il n'y a pas de bien et de mal en soi. Ces deux notions ne sont pas des propriétés identifiées à des choses mais sont des termes qui naissent à partir des effets que les choses produisent chez l'individu. Ce qui ne veut pas dire cependant qu'il n'y ait pas des choses bonnes ou nuisibles ; elles seront bonnes notamment dans la mesure où elles favoriseront ou augmenteront la puissance d'agir de la personne, c'est-à-dire dans la mesure où elles exprimeront quelque chose de sa propre utilité.

Cependant, si la jouissance des choses périssables peut devenir nuisible, c'est parce que la pensée se fixe sur le seul *objet* de jouissance et empêche l'esprit de considérer, non seulement le Bien suprême (c'est-à-dire le bonheur, selon Aristote) mais encore la perte de soi que peut occasionner la poursuite d'un tel but. L'imagination peut conduire vers une voie illusoire, celle où les choses périssables sont tour à tour considérées soit comme étant un bien (pour la *libido*), soit comme étant le Bien suprême (pour les richesses), ou bien encore comme une fin ultime (pour les honneurs reçus) ; il s'agit donc d'une considération faite non pas en raison d'une connaissance vraie mais bien à partir de la façon dont ces choses interviennent dans la vie affective. Plus nous croyons les posséder, plus notre part de joie augmente, sans se préoccuper du sort vers lequel elles conduisent et de l'idée de connaissance *vraie,* qui est bien souvent absente. Il semblerait cependant inexact de vouloir établir une notion de choix juste entre ce qui constitue d'une part le matériel (les richesses, la sensualité) et d'autre part, le spirituel ; la véritable différenciation, dans le cadre de la jouissance a lieu entre l'imaginaire (l'illusion) et l'intellectuel, espace que nous pouvons considérer comme étant lié à notre quête du Bien suprême, du Souverain Bien.

Il s'avère donc impossible de tirer des conclusions certaines sur le concept de jouissance dans l'*Ethique* de Spinoza. Les divers mots (fruitio, gaudium, delectatio) qui ont été utilisés pour évoquer la notion ne parviennent pas réellement à la définir. La jouissance n'est pas réductible à l'état passif de joie ou de plaisir. Elle est toujours jouissance d'une puissance d'agir et même d'exister. Elle pourra ainsi être identifiée à l'âme (cette puissance agissante) mais également au corps (en lien avec des affects de joie). Elle est ainsi constitutive de la personne. La sensualité n'est pas le seul registre étudié par le philosophe ; il évoque aussi la jouissance infinie d'exister, celle des droits civils (lui-même étant concerné par cet aspect institutionnel). En aucun cas, la jouissance n'entretient de rapport avec la notion de manque chez Spinoza. En effet, il a très clairement conçu le rapport de la jouissance à l'éternité ; aussi bien dans le *Traité de la réforme* que dans le *Court Traité*. C'est aussi le cas avec la lettre à Louis Meyer, qui date de la même époque que les *Pensées métaphysiques*, dans laquelle le philosophe évoque la jouissance à Dieu (en dehors de toute détermination théologique ou morale). Rappelons que le Dieu de Spinoza est un principe moteur qui détermine tout ce qui existe. On peut observer dans l'étude de cet ouvrage (*Les Pensées métaphysiques*) rédigé en latin en 1663, que Spinoza exprime sa pensée cartésienne de philosophe dans un langage conceptuel, afin de la ramener au plus près de sa propre sensibilité. Un écart demeure entre lui et la langue scolastique : en effet, celle-ci ne lui permet pas de penser la jouissance en rapport à l'Etre éternel.

Nous pouvons conclure ce paragraphe en énonçant que le *dispositif de jouissance* (expression issue de l'ouvrage de Juan Vicente Cortès) opère à partir de cette puissance d'agir et d'exister que nous avons évoquée, à partir d'une affection de l'esprit envers un objet d'amour ou bien encore à partir d'une satisfaction provoquée par soi-même.

6. Vie spirituelle, sagesse et spiritualité

Le chemin spirituel

Tentons à présent de produire une définition de la spiritualité : celle-ci peut se voir comme un effort d'élévation, vers un principe commun à toute chose ; effort rendu possible grâce à une recherche intérieure, individuelle. Elle prend la forme d'une quête d'un *non-conditionné à*, d'un absolu, de l'éternel. Elle peut se définir comme une tentative d'approcher ce qui peut s'avérer être indescriptible, inconnu, impalpable, ce qui semble absent : elle permet ainsi de pénétrer une réalité invisible mais néanmoins partout existante, tout en apportant du sens et de la consistance à toute chose. Enfin, elle vient désigner la vie de l'âme, indépendamment de la matière et ouvre la voie de la reconnexion de l'individu avec les autres. Pouvant être associée à une philosophie intime, la spiritualité favorise le développement d'un nouveau regard sur le monde, souvent à l'écart des perceptions et des modes de pensée habituels.

La spiritualité contemporaine paraît se rapprocher de la sagesse antique. Ainsi, ces lignes du philosophe Pierre Hadot décrivent à merveille l'état d'esprit des philosophes antiques : *à leurs yeux, la philosophie ne consiste pas dans l'enseignement d'une théorie abstraite, encore moins dans une exégèse de textes, mais dans un art de vivre, dans une attitude concrète, dans un style de vie déterminé, qui engage toute l'existence. L'acte philosophique est un progrès qui nous fait être plus, qui nous rend meilleurs. C'est une conversion qui bouleverse toute la vie, qui change l'être de celui qui l'accomplit. Elle le fait passer d'un état d'inauthenticité, obscurci par l'inconscience, rongé par le souci, à un état de vie authentique, dans lequel l'homme atteint la conscience de soi, la vision exacte du monde, la paix et la liberté intérieures* . Nous ne pouvons que souscrire à cette définition de l'acte philosophique qui se rapproche de celle d'une spiritualité laïque.

La spiritualité est souvent associée soit à la métaphysique, soit à la pratique religieuse. Comme son nom l'indique, elle s'intéresse aux choses de l'esprit, indépendamment de la matière. Toutefois, elle ne rejette pas totalement celle-ci ; elle tente plutôt d'en comprendre le sens. Comme la métaphysique, la spiritualité essaie d'aborder ce qui est *au-delà du physique*, c'est-à-dire au-delà du temps, de l'espace et de tout phénomène particulier ; ceci dans le but d'accéder à l'absolu.

En tant que branche de la philosophie, la métaphysique recherche les causes premières, le sens et la nature profonde des choses, de l'univers, de la vie. Elle s'intéresse davantage à l'absolu plutôt qu'au relatif, au partiel et moins à l'universel, à l'éternel plutôt qu'à l'éphémère, davantage au Tout qu'aux différentes parties. La spiritualité se distingue de la métaphysique : elle ne relève pas d'un discours philosophique mais d'une démarche intérieure ; elle s'identifie à un dévoilement plutôt qu'à une construction, à un accès à une vérité qui serait déjà en nous mais que nous ne sommes pas en capacité de voir.

Cet aspect *intériorisé* se retrouve dans la pratique religieuse dans laquelle l'individu tente de cultiver sa propre relation à ce qui le dépasse. Cependant, les religions imposent des dogmes ; ces derniers peuvent freiner ou clore le cheminement spirituel. C'est à chacun de trouver la voie qui lui procurera le maximum d'apaisement. Une révélation, un appel, une expérience peuvent intervenir à tout moment de la vie et modifier les perceptions sensorielles, les manières de cheminer vers la sagesse, vers la joie intérieure. Il faut se fier à ses ressentis les plus vertueux.

La spiritualité tend à dépasser les oppositions classiques (le bien-le mal, le juste-l'injuste, le vrai-le faux...) pour reconnaître des équivalences ou des non-existences ; ce qui bien entendu peut sembler déroutant voire paradoxal. En réalité, elle semble se situer au-delà de la morale, des raisonnements et des mots ; dans le souci de reconnaître que tout est Un (même dans la différence), que tout est Bien (même dans le conflit), que tout est Vrai (même le faux).

Dès lors, ce qui peut faire obstacle au développement de la spiritualité est en lien avec notre personnalité et ses composantes : notamment celle qui inclut l'illusion avec l'idée que nous sommes séparés des autres et du monde ou encore que nous pouvons détenir la vérité mieux que quiconque. Cependant, une conscience aiguisée pourra percevoir, par *les forces de l'esprit* (évoquées notamment par Francois Mitterrand), le maillage invisible établissant des liens avec autrui et le cosmos, ressentir cette notion de *sentiment* ou d'extase *océanique,* évoquée par l'écrivain Romain Rolland. (Cf. page 59)

La notion de vie spirituelle

La notion de voie spirituelle n'est pas simple à définir. Elle vise essentiellement à éveiller la conscience, tout en n'étant pas assimilée à une philosophie abstraite ni même à un système doctrinal, à une religion ou à une forme de psychothérapie. Elle représente essentiellement une démarche visant à engager un changement, une manière de conduire son existence, en vue de permettre une transformation de soi radicale.

La notion de voie spirituelle présuppose le fait que l'on éprouve le besoin de changer et que l'on croit ce changement possible. Parmi les humains, il y a ceux qui considèrent qu'il n'est guère possible de se transformer, ceux qui n'en éprouvent pas le besoin et ceux pour qui le possible résultat de ce changement ne fait pas spécifiquement envie. On peut recenser également des personnes qui rejettent la spiritualité mais qui en incarnent les valeurs : elles mènent de fait leur vie avec dignité, courage, générosité et développent un esprit de service. Mais on peut également en trouver d'autres qui, bien que passionnées par la quête intérieure, sont davantage centrées sur elles-mêmes et peuvent avoir un comportement plutôt individualiste. Il s'agit ici de simples constatations qui, de ce fait, ne permettent pas de dégager de véritables constantes.

Les ouvrages de spiritualité

Ils renvoient, le plus souvent, à ce qu'on nomme *la pratique*. Ce qui est intéressant car c'est bien elle qui marque la différence entre la personne qui s'intéresse à la spiritualité et celle qui se met en chemin, en quête. Il ne tient qu'à nous de pratiquer si nous souhaitons changer et nous diriger vers un état d'être et une manière de fonctionner de plus en plus libérés des peurs, de l'illusion. Il ne s'agit pas seulement d'adhérer à des idées nouvellement approchées mais également de les mettre en application, de vérifier leur valeur, de se demander si elles nous remettent en cause, si elles nous libèrent. La mise en pratique vient alors concrétiser les promesses d'indépendance et de libération que propose la voie à suivre ; elle dirige la personne vers une autonomie et l'amène à vivre ses propres expériences. Elle doit réaliser ce parcours seule.

Différents types d'ouvrages sont à la portée de celui qui souhaite se rapprocher des différentes facettes que revêt la spiritualité, la quête de sens. A partir d'un moteur de recherches sur Internet, il est possible de découvrir l'offre étendue qui existe dans ce domaine, celui de la psychologie de l'être humain.

La démarche spirituelle.

La voie du progrès spirituel implique donc de dépasser sa propre individualité, son ego, pour laisser transparaître sa nature profonde, cosmique et universelle. A contre-courant des penchants naturels, la personne doit tenter de s'abandonner, de renoncer à ses jugements, de lâcher prise, de quitter son existence partielle pour (re)trouver une authenticité primordiale qui est déjà là, en elle, depuis et pour toujours. Cette démarche ne peut être qu'intime : elle doit être vécue de l'intérieur, elle ne peut venir que d'un effort personnel, raisonné ; elle repose en grande partie sur la connaissance de soi.

Nous sommes porteurs sans le savoir de la vérité ultime, laquelle ne peut être atteinte que par une déconstruction, un recul sur soi, un dévoilement de ce que nous portons en nous. Une démarche spirituelle se fonde essentiellement sur le silence, le retrait, l'humilité, la confiance... Elle utilise des *outils* tels que la méditation, la prière, la contemplation, l'acceptation de sa propre vie ou bien encore le pardon. Elle se manifeste par la paix mentale, la gratitude et la compassion ; elle fait appel à l'intuition sans pour autant nier totalement la raison. La spiritualité, sa démarche, décrit un chemin vers soi tout comme un chemin vers les autres, vers le monde et le Principe supérieur. C'est une quête qui ne s'achève jamais. Elle est rendue possible par notre individualité et pourtant elle ne reste pas limitée par elle. Il s'agit de percevoir la réalité ; celle qui est partout présente mais que l'égo tend à occulter. Une multitude de chemins permettent de développer notre propre spiritualité ; ils s'appuient sur la philosophie, la psychologie, les sciences humaines ou bien encore sur les arts, la pratique religieuse, les rites initiatiques...

Ces chemins de Sagesse complémentaires favorisent une prise de recul, un détachement qui restent nécessaire afin de laisser apparaître la grande lumière qui est en soi. Cet éveil intérieur renforce la foi en la vie, en sa capacité de fournir de l'émerveillement.

7. La sagesse, la spiritualité

Différenciation

Il est également difficile de bien cerner et de bien différencier les notions de sagesse d'une part et de spiritualité d'autre part. Nous allons cependant essayer de voir leur spécificité, leur singularité respective, tout en pointant ce qui peut les rapprocher.

La sagesse est issue conceptuellement d'une étude réalisée au sein de la philosophie. Cette dernière se singularise comme étant une approche qui repose, par principe, sur la raison. Elle est un concept utilisé pour qualifier le comportement d'un individu, souvent conforme à une éthique, qui allie la conscience de soi et des autres, la tempérance, la prudence, la sincérité, le discernement et la justice s'appuyant sur un savoir raisonné.

La spiritualité, quant à elle, est fondée sur une notion plus large et aléatoire, celle de l'*expérience intérieure* ou parfois même de la croyance. La spiritualité n'est pas en lien avec la foi religieuse ; elle se caractérise par une connection humble et forte à soi-même, aux autres, à une entité transcendante de référence. Cette connection spirituelle participe à la réduction d'un état personnel d'anxiété, à la paix de l'esprit, au désir de parvenir à un bonheur de vivre, à la guérison. Avoir le ressenti d'une telle connection permet de se sentir moins seul.

Selon l'Organisation mondiale de la santé (OMS), la vie spirituelle comprend les croyances personnelles, la spiritualité et la religion. Elle comporte huit dimensions, qui ont été évaluées par une enquête menée en 2021. Il s'agit de l'espoir et l'optimisme, de la plénitude, du sens de la vie, de l'émerveillement, de la paix intérieure, de la puissance spirituelle, de la connection à un être ou à une force spirituelle et de la foi. La spiritualité est une forme de sagesse : elle vient redonner un sens à la vie et permet d'établir un lien avec l'éternité. Pour résumer, elle pourrait finalement s'assimiler à une métaphysique, une transcendance de la matière.

Avec la spiritualité qui vient ouvrir la conscience et les facultés perceptives, la personne entrevoit le monde *différemment*, le perçoit *différemment*. Elle le capte également *différemment*, à partir de certains filtres. La spiritualité n'exige pas l'adoption d'un comportement, d'un mode de vie emprunt de sagesse *pure,* celle qui conduit à un travail sur les fondamentaux de la personne conduisant à une reconsidération profonde de l'être (afin de vivre d'une manière totalement nouvelle). Notons enfin que la spiritualité peut se voir enrichie d'un apport de notions ésotériques, mystiques, occultes.

Corrélations

La sagesse suscite un intérêt croissant chez les chercheurs contemporains en tant qu'attribut de personnalité pertinent et facteur de bien-être physique et de santé mentale. Des études conduites en 2009 avaient caractérisé la sagesse à partir de six composantes majeures. Plus récemment, une équipe de l'Université de Californie basée à San Diego s'est interrogée sur la place et l'identité de la spiritualité : cette dernière est-elle associée de manière forte à la sagesse ?

Des premiers éléments de réponse, présentés dans le *Journal of Psychiatrics Research*, entrevoient une affinité entre les deux concepts. L'auteur principal, le Dr Dilip V. Jeste, doyen du Center of Healthy Aging et professeur de psychiatrie et de neurosciences à l'UC San Diego School commente ces résultats : *il y a toujours eu un débat sur la question de savoir si la spiritualité est un marqueur de la sagesse. Nos résultats montrent que la spiritualité est associée de manière significative à une meilleure santé mentale et à un meilleur bien-être et qu'elle peut contribuer à la sagesse globale d'un individu.* Il confirme également que la spiritualité et plus encore la sagesse sont positivement corrélées avec l'âge : les personnes âgées ont tendance - et c'est le cas dans cette analyse - à être plus spirituelles et plus en recherche de sagesse. Les femmes obtiennent des scores de spiritualité plus élevés que les hommes.

Il sera intéressant dans le futur, soulignent les chercheurs, *de préciser les effets des différentes composantes de la sagesse sur le bien-être et la santé ; ces conclusions pourront nous encourager à découvrir, à dépister de nouvelles interventions qui permettraient alors d'améliorer le bien-être général et la qualité de vie.* Nous continuerons à suivre les résultats des travaux menés par l'équipe de chercheurs qui a succédé à DV Jeste, lequel a pris sa retraite en 2022.

Deux démarches personnelles

Sagesse et spiritualité sont des notions qui induisent des démarches intimes, personnelles. Elles visent pratiquement les mêmes objectifs : le bonheur, une participation consciente de Soi au sein de sa vie, la liberté (au sein d'un cadre de vie défini), la sécurité intérieure, l'autonomie ; ceci afin que l'âme soit sainement nourrie, abreuvée, récompensée et trouve son plein accomplissement. Ces démarches permettent d'oeuvrer en cohérence avec son Soi intérieur, dès lors que celui-ci est identifié sur le plan de sa construction.

Nous pouvons compléter la définition de la spiritualité en précisant qu'elle représente une démarche intérieure qui consiste à aller du Moi vers le Soi, de l'identité vers l'essence ; il s'agit ainsi d'un cheminement personnel progressif, qui consiste à se libérer de l'Ego, de l'attachement, pour se situer au plus proche de son Soi supérieur. Cette capacité à saisir la vie, avec une conscience plus affinée, permettra de son existence avec une consistance morale renforcée.

Un long parcours d'interrogation spirituelle peut déboucher sur un désir de quête de sagesse ; mais à l'inverse, on n'accède pas à la spiritualité après avoir approché les vertus que les sages dispensent ; la sagesse se nourrit de la spiritualité que l'on aura intégrée. Des démarches corporelles, mystiques, émotionnelles viennent la plupart du temps abreuver cet état de l'esprit, de conscience qui constitue la spiritualité. Deux questions se posent quant à elle : ne serait-elle pas finalement une des formes de sagesse qui avaient vu le jour dans l'antiquité ? Par ailleurs, ne contient-elle pas, en son cœur, les ferments d'une authentique quête de sagesse en devenir ?

Portons à nouveau un regard sur la sagesse : nous pouvons la redéfinir comme un point d'ancrage dans le monde de la spiritualité : elle vient prendre ainsi la forme d'un comportement, d'une attitude, d'un mode d'existence conforme à une éthique qui intègre une conscience de soi dans le vaste univers social, une disposition de la personne à se détacher de la notion de temps ; la perception d'une justice autre qu'institutionnelle, s'appuyant sur un savoir raisonné, vient caractériser la personne qui inclut la sagesse dans son existence.

La spiritualité, quant à elle, est une forme de sagesse qui ne se définit pas nécessairement par une considération optimale de la raison et de la vérité. *C'est la sagesse la plus populaire et la plus accessible à tous,* nous dit Fabrice Midal (12), dans son ouvrage *Les cinq portes*. L'expérience spirituelle et la quête de sagesse ont en commun le fait qu'elles soient des démarches personnelles qui visent l'une comme l'autre à dépasser les limitations de la condition humaine, à envisager une quête intérieure (en lien avec une recherche du sens de la vie) dans le but de vivre davantage en harmonie avec les différents plans qui constituent l'univers dans lequel nous évoluons. Notons que la spiritualité peut s'accompagner de comportements aussi bien spirituels qu'en lien avec la matière (cf. Epicure). Enfin, une spiritualité philosophique s'appuie sur sur les œuvres d'Henri Bergson et de Louis Lavelle.

De manière très simplifiée, on peut noter une différenciation notoire au sein des deux modes de vie intégrant la spiritualité ou bien la sagesse : le premier semble pouvoir être abordé sans avoir nécessairement trop expérimenté la vie. Un détachement matériel ou un arrangement avec la matérialité est trouvé. On adopte un mode de vie où l'esprit prend une place importante sur la vie matérielle. Ainsi, l'éveil spirituel est naturellement visé.

Dans le second mode, celui qui intégre une démarche de quête de sagesse, le vécu, le parcours de vie et les expériences d'une personne constituent et nourrissent une profondeur d'esprit, définissent une consistance et une densité sur le plan psychique qui lui sont (et lui seront) nécessaires pour cheminer sur cette voie. Ici, au sein de ce mode de vie, l'existence repose sur des principes, des valeurs et des concepts philosophiques. Le travail intérieur exige de la constance du fait qu'une quête de la sagesse s'inscrit dans un long processus. Détachement et consentement restent des objectifs comportementaux prioritaires. Ainsi, la personne reconnaît la présence des lois de l'univers dans son incarnation et les accepte ; tout comme le consentement à la vie, telle qu'elle se présente. Cette manière de vivre implique également une connaissance de soi importante, la poursuite sans faille d'un travail personnel sur sa propre identité et un apprentissage permanent, afin d'être de plus en plus en phase avec les principes philosophiques de libération et d'épanouissement de l'âme.

Spiritualité et Spiritualisme

Nous pouvons à présent faire le distingo entre une notion relative à un mode de vie et un courant philosophique. Le spiritualisme est une philosophie de la conscience née à partir d'une réflexion sur la pensée de Descartes et le dualisme de l'âme et du corps. Philosophie qui intègre en elle la demande d'une vie spirituelle. Le spiritualisme affirme la supériorité de l'esprit sur la matière. Il s'oppose au matérialisme. Pour les spiritualistes, l'immortalité de l'âme s'impose.

Si la spiritualité est incarnée, le spiritualisme, quant à lui, est la métaphysique qui pense la relation au corps. Jean-Louis Vieillard-Baron, professeur émérite de philosophie, dans son ouvrage *Le spiritualisme français*, publié en 2021, distingue quatre traits majeurs caractérisant un penseur spiritualiste : *la visée de la transcendance*, comme recherche philosophique de l'absolu mais hors de tout dogme religieux ; *la compréhension métaphysique de l'esprit* ; *la liberté spirituelle*, présente dans la conscience humaine ; *la notion d'âme*. Ainsi, on observe bien que le spiritualisme est perçu comme une philosophie ; une philosophie de la consciencc.

Quant à la spiritualité, elle se base sur une quête de sens de sa propre vie et inclus des démarches personnelles permettant de vivre en conformité avec ses pensées existentielles. Elle définit la conscience que la personne peut avoir de sa vie intérieure. Elle se décline de plusieurs manières (cf.§ 6) en fonction des croyances qui caractérisent son âme.

8. L'âme

Sa demande

Evoquer la sagesse, c'est inviter l'âme dans la discussion. Elle nous anime ; elle se nourrit de nos actes et en retour, elle les recale avec une précision d'horloger afin que nous puissions conduire notre vie avec le maximum de sens. Dans le domaine de la philosophie, la sagesse représente cet idéal de vie vers lequel tendent les philosophes, ces *amis de la sagesse*, qui pensent leur vie et vivent leur pensée à travers un questionnement et une pratique qui associent la Pleine conscience du moment présent. Les philosophes grecs - qui avaient pour objectif de former les Hommes - différenciaient la sagesse théorique (*sophia*) de la sagesse pratique, avec son jugement et son discernement (*phronèsis*) ; c'est bien l'assemblage des deux qui vient constituer le socle de la Pleine sagesse.

Et l'âme dans tout ça ? Que souhaite-t-elle ? Sans aucun doute, une libération intérieure, un dégagement, en lien avec une dépendance, avec un attachement qui ressemble à une camisole portée depuis notre arrivée dans ce monde. Cette dernière empêche toute apparition ou maintien de la joie intérieure. Approcher puis s'engager - par exemple - dans la philosophie du Tao, c'est permettre, non pas de se libérer de la souffrance par une attitude de rejet de celle-ci (ataraxie), mais de l'accueillir au même titre que le plaisir, afin de rester dans la vie ; avec une attitude consciente des événements qui sont amenés à être vécus. En somme, il s'agit de prendre en compte différemment le vécu quotidien et la manière de considérer les aléas qui surgissent ; de parvenir à les intégrer en totalité, dans sa propre vie incarnée. Le bonheur se trouve bien en nous, dans la satisfaction profonde que nous pouvons tirer des joies ordinaires de la vie, mais aussi dans l'accueil des autres moments qui sont tout aussi nécessaires pour notre croissance, notre évolution spirituelle. Cette attitude de consentement mais également de compréhension vient tout changer en soi : elle entraîne une libération, un vent de liberté. Ainsi, nous sommes amenés à considérer que l'adversité peut devenir une véritable école de l'apprentissage de la sagesse pour l'âme. (13)

La quête spirituelle consistant à se rapprocher d'une forme idéale de sagesse se présente comme une attitude intérieure, dynamique, qui crée la façon dont on aborde l'existence. Cette quête ne peut se fonder sur un comportement purement intellectuel et mental. Elle doit se nourrir, pour se révéler effective, de l'être et de sa façon d'être, *dans une expérimentation qui engage le corps, l'âme et l'esprit, tout ensemble*, précise encore Arnaud Desjardins (14)

Aspirer à la sagesse de l'âme, c'est également grandir en acceptant ses limites, ses vulnérabilités et son essentielle fragilité ; celle-ci fait partie de notre ADN. C'est également devenir bienveillant avec qui nous sommes, tout en sachant qu'il est difficile de se connaître totalement. La nature a ses mystères et aucun moyen scientifique (si puissant soit-il dans sa capacité d'analyse) ou autre ne peut définir avec une totale exactitude notre constitition (corps, âme, esprit) et/ou notre devenir. Malgré tout, il devient nécessaire de poursuivre le Chemin vers une conscience accrue de Soi, en faisant preuve de sagacité. André Comtc-Sponville résume bien, à sa manière, ce qu'est la sagesse : *c'est le maximum de bonheur dans le maximum de lucidité.*

LA SAGESSE, UNE THERAPEUTIQUE DES PASSIONS

1. Un art de vivre ou une manière de vivre

Quelques principes

La sagesse peut se concevoir dès lors comme un art de vivre ; comme un nouveau chemin de vie spirituel à emprunter. On peut dès à présent définir des principes - ayant pour but d'apporter des informations spécifiques en lien avec un mode de vie incluant une sagesse spirituelle - qui peuvent soutenir la personne durant son cheminement.

De manière totalement arbitraire en matière de choix et de classement, nous proposons dans une perspective totalement pratique, une liste de dix éléments qui peuvent participer à une première approche de la notion de sagesse au quotidien :

- la douleur fait partie de la vie

- l'état d'esprit permet des miracles

- les grandes peurs n'existent pas

- les expériences font grandir

- ne pas être victime mais héros de sa vie

- le présent est la seule chose qui compte

- être reconnaissant toujours pour quelque chose

- les grandes choses prennent du temps

- les autres peuvent ne pas vous approuver

- vous pouvez vous-même vous apaiser

Ces principes sont extraits d'un manuel (*Le manuel inédit de la vie*, paru en 2009; auteur : Joe Vitale. Ed. Leduc) de recommandations destinées à vivre sa vie et non pas à la subir. C'est sans aucun doute faire preuve d'une grande sagesse dès lors que l'on parvient, au fil du temps, à s'emparer de ces différents énoncés. Ils sont à prendre avec une considération certaine puisqu'ils sont amenés à changer le cours de votre vie, à modifier votre manière de la percevoir afin de vous rendre heureux, de vous diriger vers une quête de sagesse.

Pour rappel, le comportement d'une personne sage implique une plus grande connection avec son

Intérieur. Il lui est demandé d'accepter davantage ce qui est, de consentir à sa propre vie, de se libérer de la servitude des passions (les moins nobles), de favoriser l'émergence de la joie par des attitudes conscientes en direction de sa propre personne. Un travail d'individuation est nécessaire dans le but de se soustraire de l'attente d'événements ou de personnes censés apporter un apaisement qui ne peut venir que de soi. Cette transmutation se fait par à-coups, par perte d'espérance. Cependant, chaque petit pas permet d'avancer vers ce but de trouver en soi un état de sérénité, d'équanimité enviable.

Le sage

Le sage est beaucoup moins présent dans notre société actuelle que lors des précédentes époques. Auparavant, il avait *la sagesse* de voir l'homme en chaque être humain, au lieu de le considérer comme un individu habité essentiellement par des peurs, des désirs, des limitations ou bien encore des contradictions.

Le sage savait *voir le papillon en chaque chenille*. La plupart d'entre eux étaient des grandes figures, surtout dans l'Antiquité ; ils ont marqué l'évolution de l'humanité en étant des êtres d'exception, des exemples d'accomplissement, de vrais ouvreurs de chemins à suivre. Bouddha, Socrate, Confucius,

Lao-Tseu et bien d'autres sont parvenus jusqu'à un état de sagesse constitué de réelles vertus. Ils les ont incarnées si l'on en croit les témoignages. Pour parvenir à cet état, chacun a dû passer par une succession d'épreuves et de combats où le principal adversaire n'était en fait que sa propre existence avec ses constituants. Ils ont traversé et surmonté les doutes, les désespoirs, les *erreurs et pièges* du corps et de l'exprit pour finalement nourrir les souhaits de leur âme.

Dans toutes les cultures, de manières souvent diverses, on a célébré leurs exploits, chanté leur gloire, répété leurs paroles. *Le bonheur du sage ne dépend plus des événements toujours aléatoires du monde extérieur mais de l'harmonie de son monde intérieur. C'est parce qu'il a su trouver la paix ou la joie en lui-même qu'il est heureux. Le sage consacre ses efforts à se changer lui-même ! C'est par ce renversement que le bonheur devient possible. L'obstacle au bonheur, ce n'est pas la réalité mas la représentation que nous avons de celle-ci,* nous dit Frédéric Lenoir dans son ouvrage consacré à Spinoza. Le sage est donc celui qui accorde une priorité à la vie intérieure, à la paix de l'âme. La considération quasi-divine du sage dans l'antiquité, comme représentant d'un ordre constitué de réalités supérieures parfaites, ne l'obligeait cependant pas à sceller un engagement moral envers une religion. Mais il devait accéder à la Connaissance (divine), celle de l'ordre cosmique et métaphysique dans lequel l'Homme s'inscrit.

Pour le philosophe contemporain Luc Ferry, le sage n'a pas recours à Dieu ; contrairement au saint. *Le secret d'un sage, c'est qu'il voit l'homme en chaque être humain, au lieu de s'arrêter à une surface de peurs, de désirs, de limitations, c'est qu'il voit le papillon en chaque chenille,* a écrit par ailleurs Arnaud Desjardins.

Le sage est celui qui, par un art de vivre, se met à l'abri de ce qui tourmente les autres. Il renonce à son ego, il accepte sa vie, il est pleinement heureux car libéré de la servitude de l'ignorance et des passions. Le sage hindou est un *délivré vivant* qui vit *dans la pleine félicité de la pure conscience qui est Une*, précise Frédéric Lenoir ; le sage spinoziste, totalement libéré de la servitude, atteint quant à lui, la béatitude éternelle.

Platon, dans le Banquet, a dit explicitement indiqué que seul Dieu était sage et que l'homme ne pouvait qu'être que philosophe, c'est-à-dire ami de la sagesse et en quête de celle-ci. Les stoïciens font également de la sagesse un idéal transcendant.

La sagesse : un guide personnel

La sagesse n'est pas une théorie en soi, ni même l'aspect d'une culture en général ; elle émerge de la vie, telle qu'elle est pratiquée par des membres exemplaires d'une culture ; puis, elle retourne à cette même vie pour guider ceux qui souhaitent la vivre d'une manière plus apaisée. Pour définir la sagesse, il nous faut donc déjà savoir, de manière implicite, ce que représente la vie humaine, ce qu'elle exige et quels types de questionnements elle engendre ; ceci est valable non seulement pour les savants, pour les sages, mais également pour tous ceux qui l'explorent. Ces moments d'interrogation pourront permettre, par la suite, de prendre des décisions saines, dans le but de pouvoir se libérer intérieurement de ce qui fait obstacle à l'accès à la sérénité.

Souvent, ce sont des souffrances répétées qui conduisent à ce désir de libération, de liberté. ; ce dernier concept est à la base de tout bonheur. Dans le bouddhisme, la première vérité est la souffrance (Dukka) : *la tristesse du désir insatisfait est à l'origine de la quête de sagesse*, précise à nouveau le philosophe Frédéric Lenoir. Cette souffrance, cette tristesse sont des signes : la personne doit les repérer puis les explorer, les exploiter. Oui, la sagesse s'acquiert souvent au terme d'un long chemin parsemé d'embuches venant s'achever par un inévitable lâcher-prise. L'acquisition d'un état de sagesse même partiel permet de s'apaiser soi-même mais également d'apaiser les autres par une grande compréhension de la psychologie humaine. Oui, la sagesse conduit à la liberté ; en s'enracinant à l'intérieur de la personne, elle parvient à soutenir l'élan vital, à le guider favorablement, au sein d'un espace d'autonomie. L'accès à une tranquillité de l'esprit contribue à instaurer la paix de l'âme, à définir une béatitude, authentique vertu spirituelle.

Sur le plan des pratiques, il existe des enseignements initiatiques qui permettent à l'Humain d'emprunter la voie de l'expansion de conscience, indispensable à celui qui veut se diriger vers une quête de sagesse. Il est nécessaire de réaliser des exercices spirituels dans le but de maintenir l'intention (= le souhait de grandir) et la vigilance (= avoir présent à l'esprit ce souhait).

La sagesse devient un incontestable art de vivre lorsqu'elle s'exprime en totale conscience au sein de nos vies quotidiennes.

De la sagesse à la joie

Aspirer à la sagesse n'oblige pas nécessairement la personne à se diriger vers une vie empreinte d'ascétisme. Ce point sera développé plus tard, dans ce même chapitre. Nous avons précédemment observé que pour le philosophe du XVIe siècle, Michel de Montaigne, l'esprit et le corps ne s'opposaient pas, concernant le cheminement vers la sagesse. Pour Baruch Spinoza (dont la vie sera développé dans un prochain chapitre) et pour le philosophe Friedrich Nietzsche (présent dans l'abécédaire), l'étude de la notion de sagesse a été couplée avec celle de la notion de joie. Toutes deux délivrent une série d'affinités remarquables malgré les divergences profondes existantes entre ces deux penseurs sur ce point précis. Concernant la joie, les courants de sagesse de l'antiquité - notamment ceux de l'épicurisme et du stoïcisme - font peu de place à cette notion, à cet affect. Le bonheur, la paix intérieure prennent plutôt le visage de la sérénité, de l'absence de troubles intérieurs (ataraxie) procurées par une modération des désirs, des plaisirs. Il est certain que la difficile existence de Spinoza ne pouvait que le conduire vers un développement de cette philosophie de vie, mêlant l'acceptation du destin à l'augmentation de la force d'exister, notamment grâce à la joie.

La doctrine de Spinoza repose sur l'existence d'une joie inhérente à l'obtention de la vérité et de la sagesse ; joie qui se situe entre bonheur et jouissance, ces deux états de l'accomplissement personnel qui ont naturellement leurs limites. Le philosophe néerlandais organise toute son œuvre et sa pensée principalement autour de la félicité. Ce concept principal s'enracine dans son ouvrage L'*Ethique* qui *rend compte d'un système du monde qui rend possible une éthique et celle-ci est une éthique de* l'homme libre *et de la félicité*, écrit Robert Misrahi, imminent spécialiste de Spinoza. La voie qui conduit à la joie passe *par le refus de toutes les formes de servitude (intérieure) telles que les passions (= les désirs passifs), les superstitions religieuses, l'autoritarisme politique*, poursuit l'auteur.

Il faut noter que parmi tous les termes utilisés par Spinoza, dans le registre de la joie au sein de son ouvrage, deux d'entre eux occupent une place particulièrement importante : *beatitudo* et *laetitia*.

Cette entrée dans la béatitude (ou joie parfaite) se fait selon Robert Misrahi, par l'intermédiaire d'une *seconde naissance* provoquée par la connaissance intuitive - associée à une connaissance rationnelle - qui permet de mettre de l'ordre dans notre affectivité. *C'est grâce à elle que nous pouvons percevoir la cohérence entre notre cosmos intime et le cosmos entier, entre nous et Dieu, une sorte de prémices à la félicité* écrit Frédéric Lenoir dans son ouvrage *Le miracle Spinoza* (15). Rappelons que *pour Spinoza la sagesse n'est pas un devoir ; c'est une proposition offerte à tous ceux qui veulent augmenter la puissance de leur vitalité spirituelle et ainsi vivre de plus en plus dans la joie*, précise le philosophe. Ainsi, la béatitude de Spinoza n'est-elle pas une mystique ; *elle résulte totalement d'une démarche rationnelle et intuitive et elle est cette connaissance, c'est à dire cette sagesse*, indique Robert Misrahi. Le terme ne fait donc pas référence à la religion (catholique), mais à la Nature de Dieu ressentie par Spinoza.

La Nature, l'espace sacré de la vie et Dieu

Le Dieu de Spinoza est impersonnel ; il ne correspond pas à l'idée d'une personnification commune à toutes les religions monothéistes : il n'est pas un être tout-puissant doté d'un visage et d'une volonté dirigée vers la réalisation de buts initialement conçus et déterminés. Ainsi, dans *l'Ethique*, on trouve cette phrase qui précise la pensée du philosophe : *les hommes supposent communément que tous les êtres de la nature agissent comme eux pour une fin ; bien plus, ils tiennent pour certain que Dieu même conduit toutes choses vers une certaine fin déterminée*. Le Dieu de Spinoza ne poursuit aucune fin, son existence ne suit aucun principe. Il est neutre, impartial, impersonnel.

Ce Dieu est identifié à la nature contrairement à la religion chrétienne qui le considère comme un au-delà de la nature, qui transcende le monde. Pour le philosophe, il est la nature même. *Cet Être éternel et infini que nous appelons Dieu ou la Nature agit avec la même nécessité qu'il existe.* (Pr. 29 de l'Éthique I). Spinoza cependant oppose deux sortes de nature : la nature *naturante* et la nature *naturée*. Elles évoquent différemment le rapport de Dieu, et de la nature (*Deus sive natura*). La première correspond à un monde où Dieu se présente comme l'ensemble des éléments appartenant à la nature dont fait partie l'homme : c'est la *nature naturée* (natura naturata). Quant à la seconde, elle se définit comme un principe d'engendrement des choses, ce que le philosophe nomme *nature naturante* (natura naturans). Voici ce qu'il a écrit dans son ouvrage toujours sous la Proposition 29 : […] *avant de continuer, je veux expliquer ce que nous devons entendre par Nature Naturante et par Nature Naturée ; je pense* […] *qu'il apparaît déjà que nous devons entendre par Nature Naturante ce qui est en soi et est conçu par soi [...] Mais par Nature Naturée, j'entends tout ce qui suit de la nécessité de la nature de Dieu, autrement dit de chacun de ses attributs [...].*

Pour Spinoza, l'itinéraire de la sagesse n'est pas une ascension vers le ciel ou un au-delà indicible mais un approfondissement de l'existence elle-même au sein de notre monde unique, la Nature. Ainsi, globalement, les propos de Spinoza ont pour objectif de construire un véritable humanisme laïque ; il souhaite avant tout, libérer les hommes de la superstition et de la crainte, de toutes dépendances. S'oblige-t-il à définir sa pensée, ses croyances avec des termes particulièrement choisis qui ne permettent pas d'être accusé de tenir des propos blasphématoires ? Il est difficile de l'admettre en totalité. Son Dieu à lui, c'est le monde. Il utilise le mot Dieu pour exprimer l'idée d'absolu et le fondement des choses. Mais il le définit en se fondant sur la raison. Si la croyance en un Dieu biblique semble lui être totalement étrangère, il en est pas de même pour le concept de Dieu. Donc, pour lui, il s'agit d'un Dieu cosmique et non pas d'un Dieu qui s'occuperait du destin et des actes des humains. Quant aux différentes manifestations de l'univers, pour Spinoza, elles ne s'accomplissent que conformément à des lois rigoureuses, nécessaires et universelles ; elles sont totalement indépendantes des attentes des Hommes.

2. Le désir en philosophie

La puissance du Désir

La question du désir en vient à être posée même si l'on évoque la sagesse et ce qui la définit. Comme il a été dit précédemment, choisir la voie d'une sagesse non axée sur le renoncement et l'ascétisme laisse donc une place importante au *Désir*, notion essentielle qui permet à l'existence humaine de s'imposer, de progresser, de construire sa propre vie. Le désir et par ailleurs le plaisir qui lui succède font partie intégrante de notre constitution, de notre construction, de notre développement et de notre activité dans le monde. Sans désir, sans plaisir, pas de joie(s), pas de vie tout court et par conséquent, pas de possibilité de réalisation existentielle. Cependant, pour devenir pleinement nourricier, le désir doit être éclairé par la connaissance. *Le désir est l'essence même de l'homme, c'est à dire l'effort par lequel l'homme s'efforce de persévérer dans son être*, a écrit Spinoza dans le livre III de L'*Ethique*. Plus tard cependant, on associera toujours et encore le désir au manque, éliminant dès lors l'idée de son assimilation à une puissance d'agir, soutenue ardemment par le philosophe du XVIIe siècle.

La philosophie, et notament le domaine de la connaissance des passions, est destinée à réfléchir en vue de surmonter la souffrance humaine, issue principalement de la servitude passionnelle. Le but de l'éthique de la personne - son système de vie spécifique qu'elle a profondément intégré à ses attitudes et à ses activités - sera en premier lieu d'établir une liberté - instrument de libération - afin de s'orienter et de satisfaire des désirs qui ne lui créeront pas de souffrance.

La puissance de ce Désir s'orientera en premier lieu vers un approfondissement de la connaissance de soi (qui se veut être libératrice) et permettra par la suite de muter les passions en actions, en affects actifs. *La liberté intérieure est l'ultime fin poursuivie par l'Ethique,* a écrit Robert Misrahi, dans sa thèse sur Spinoza.

Si la Création semble être l'une des raisons et des missions de notre Existence, dépasser le stade initial de l'ignorance en accédant à la Connaissance (au sens large du terme) fait également partie de notre devoir, en vue d'accéder à une quête de sagesse. Et si une telle ascension reste possible, c'est bien grâce à la réminiscence (ressouvenance) : l'âme se souvient à nouveau d'Idées qui sont en elle et qu'elle a oubliées lors de son incarnation dans un corps. Si l'on peut découvrir ce que l'on ne sait pas encore, c'est que l'on possède déjà en soi, enfoui, l'objet de sa quête. Cette théorie de l'anamnèse, avancée par Platon, est la faculté de l'âme à retrouver des connaissances qu'elle porte en elle-même. S'engager dans un travail d'introspection se rapproche dès lors d'une considération de la théorie platonicienne de la réminiscence.

Souvent, il s'agira de concrétiser le passage de la servitude à la liberté (ici, la notion de Désir se sent particulièrement concernée) - en vue d'acquérir de l'autonomie ou de l'indépendance - pour permettre une authentique gestion de son parcours unique/ spécifique de vie. Reprendre le pouvoir sur ses instincts conduira à une conquête exercée sur la passivité, sur le passionnel, pour ensuite parvenir à une transformation visant le bonheur, la victoire de soi pour soi. C'est ainsi que l'âme pourra s'épanouir en accord avec sa destinée spécifique.

Le désir se distingue du *besoin* (qui demande à être satisfait de façon urgente) et même du *souhait* dont la réalisation est souvent illusoire. On ne peut le réduire au seul désir amoureux ni à un certain hédonisme. Mais que dire alors de cet appétit qui nous anime ? Est-il une force qui s'impose inéluctablement à nous ? Son ambivalence traverse toute l'histoire de la philosophie depuis Platon. De nos jours, il existe deux disciplines qui s'intéressent tout particulièrement au désir : la psychanalyse, qui l'identifie à la *pulsion* et la morale, qui s'interroge sur la possibilité de le contrôler.

Le mot désir provient du latin *desiderare* qui signifie *être face à l'absence d'étoile* et par la suite constater avec regret l'absence de quelque chose ou de bien encore de quelqu'un. Ainsi, renouant avec cette étymologie, toute la philosophie du XXe siècle a associé le désir au manque, sans toute autre alternative. Mais pour Spinoza, un accès à un état lucide de sagesse ne doit pas conduire à une réduction des *forces du désir* qui favoriserait dès lors une forme de léthargie pouvant rendre une personne apathique, non éclairée.

Ainsi, pour le philosophe, le désir n'exprime pas une tendance qu'il faut contenir ; au contraire, il faut l'orienter, positivement, au sein du processus de quête de sagesse ; car il est avant tout, une puissance vitale nécessaire à l'individu du fait qu'il vient participer, entre autres, à l'élaboration de moments de joie. Sagesse, désir et joie (qui est une approbation du réel tandis que le désir est l'approbation du présent) sont donc liés dans cette quête de bien-être, de mieux-être. Tout l'enjeu, en lien avec la nécessaire libération de soi, est (sera) donc de passer de la servitude à la béatitude en déjouant au mieux les *pièges* du Désir afin d'atteindre la félicité, en toute liberté.

Passion, affects, Désir

Le désir est (donc) l'essence de l'homme, nous dit Spinoza, dans son Ethique V (Proposition 18), *c'est-à-dire* (selon la Prop. 7, Partie III), *un effort par lequel l'homme s'efforce de persévérer dans son être. Un désir qui naît de la joie est donc secondé ou accru par cet affect même de joie ; au contraire, le désir qui naît de la Tristesse est réduit ou réprimé par cet affect même de de Tristesse*. Ainsi, si un homme est déterminé à agir par une affection dont la raison est extérieure à lui-même, son désir devient passion. Il risque d'asservir sa personne et de plonger dans la tristesse par la suite. Si au contraire, l'homme agit par affection en lien avec sa propre nature et sa propre puissance de vie, alors son désir devient une vertu, un affect d'amour, un apport positif pour son identité. Agir par vertu, c'est agir sous le contrôle de la Raison ; les forces de l'âme en viennent ainsi à trouver leur place, de manière positive. L'état passionnel crée toujours de la servitude, de la tristesse ; développer un enthousiasme serein passe donc par la voie de la Raison, appliquée à s'exercer sur les expériences affectives.

Il faut comprendre par là, en extension, que l'homme *est* désir et qu'il s'affirme en exprimant pleinement la puissance qui est en lui-même. Cette nouvelle approche de la notion de Désir vient rompre avec l'idée selon laquelle le désir ne serait que *manque* et traduirait une imperfection humaine ou une orientation biologique destinée à s'unir à Un Autre. Lorsque Spinoza écrit que l'homme ne peut se dispenser de passion, son affirmation a deux sens : tout d'abord, les hommes ne peuvent pas exister sans *affects* ; ils vivent dans un monde sensible. Ensuite, c'est à partir de cette première constatation qu'il est possible de dire que les hommes ne peuvent pas s'abstenir, de façon absolue, de vivre des passions (au sens spinozien) c'est-à-dire des *affects... passifs*. Car le domaine de la raison n'est pas absolu non plus, face à celui des passions ; par ailleurs, Spinoza ne sépare pas le monde en deux (un monde sensible et un monde intelligible). Certes, la raison peut contribuer à ce que les affects soient incontestablement actifs ; cependant, elle ne peut les réduire à néant.

L'homme ne peut pas soumettre les passions à sa volonté, non pas à cause d'un échec de son esprit ou de sa raison mais à cause de la nature de l'esprit et de la raison. Quand la raison parvient à vaincre les passions, Spinoza indique qu'elle n'a pas vaincu les affects mais qu'elle a pu favoriser des affects actifs ou bien encore transformer des affects passifs en affects actifs, grâce à la Connaissance. Comme cela a été dit, l'Homme ne peut pas se passer d'*affects*. Mais il peut se passer de passions à partir du moment où il a des affects actifs. Il ne peut pas se passer d'affects puisqu'étant autant esprit que corps, il aura toujours des affections ; il reste toujours affecté par un contexte, par une personne. Le pouvoir de la raison ne consiste jamais à séparer l'homme de ses affects, mais à ne pas avoir d'affects passifs. Si l'on affirme que l'homme ne peut abandonner ses passions, comme l'ont soutenu certains philosophes postérieurs à Spinoza (Kant et Freud...), on peut dès lors penser que les passions appartiennent à une nature plus profonde de l'homme qui vient s'opposer à la raison, comme si l'homme était donc séparé en deux, avec d'un côté la matière (le corps, essentiellement naturel) et de l'autre, l'âme (devant le combattre) ; ce combat devient inutile par ailleurs, puisque l'esprit ne peut réussir son éventuel dessein de se délivrer du corps.

Nous devons une fois encore solliciter Spinoza pour évoquer cette tendance qui vient combler une aspiration (du verbe aspirer, faire venir à soi) profonde de l'âme. Le philosophe reconnaît le caractère inévitable des passions de l'homme, qui est une partie de la nature totale dont il suit l'ordre. Il reconnaît aussi que sa puissance d'agir reste variable, contenue. En ce qui concerne le Désir, nous pouvons citer, à dessein, les propos de Jacqueline Lagrée, Professeur émérite de philosophie à l'Université de Rennes 1, qui avait souhaité, lors d'une conférence, apporter sa contribution quant à cet affect qui a été étudié par certains de ses collègues philosophes, au sein d'ouvrages de popularisation ou de vulgarisation (*Hâtons-nous*, disait Diderot, *de rendre la philosophie populaire*) philosophique : *quelques commentateurs pressés et médiatiques ont aussi fait de Spinoza le héraut d'une philosophie du désir et de la joie, et d'un résumé simplifié de sa philosophie un vade mecum plein de recettes de bonheur et d'épanouissement de soi : il y a 50 ans Robert Misrahi, aujourd'hui dans un style moins universitaire, Alexandre Jollien ou Frédéric*

Lenoir. En réalité, Spinoza est un philosophe difficile, exigeant, qui n'écrit pas pour la multitude des ignorants mais pour le petit nombre de lecteurs délivrés des préjugés superstitieux et prêts à s'engager dans une recherche longue car comme le disait déjà Platon que reprend Spinoza dans les dernières lignes de l'Ethique : « Tout ce qui est beau est aussi difficile que rare ». Et, de fait, la conception spinozienne du désir n'est pas simple mais complexe, non pas douceureuse ou sucrée mais astringente. Repartons donc de la définition du désir et de son vocabulaire. Désir chez Spinoza qui écrit et pense en latin, langue de la science au XVIIe, emploie le mot cupiditas qui vient de cupio, cupere : pencher vers, d'où souhaiter, désirer et non pas desiderium qui évoque le manque. Le désir est un affect mental auquel correspond un objet. L'homme en tant qu'il s'efforce de persévérer dans son être, a des appétits (il tend vers quelque chose, il s'efforce d'atteindre ou d'obtenir quelque chose, par ex l'aliment qui apaisera sa faim) et lorsque cet appétit est conscient, il se nomme désir. Le désir, c'est donc l'appétit, la pulsion, avec conscience de soi, cupiditas est appetitus cum ejusdem conscientia. *Le désir chez Spinoza ne doit pas être compris d'abord dans une problématique des affects mentaux mais dans une problématique de la puissance d'agir de l'individu, corps et âme, puissance plus ou moins grande, plus ou moins consciente, plus ou moins efficace. Le désir est ainsi, avec la joie et la tristesse, un des composants d'une analytique des passions qui commande la démarche éthique de libération de la servitude et de marche vers la béatitude.* Citer ce long passage a pour mérite de constater que, bien qu'ayant des statuts différents, toutes ces personnes qui ont analysé et précisé la notion de Désir décrite par Spinoza, établissent des constats pas si éloignés les uns des autres. Le Désir reste inscrit dans l'Etre, dans un Savoir-Etre en non pas dans l'Avoir (la possession); *le désir comme essence de l'homme* au sein de l'*Ethique* doit être compris comme le fait que l'homme est Désir ; il s'affirme donc en exprimant pleinement la puissance qui est naturellement la sienne. Ce Désir n'est donc pas une réponse à un manque, mais intrinsèque à sa personne afin qu'elle exprime son Existence, sa Puissance d'être, sa vitalité, son autonomie (en conscience).

3. L'impermanence et le progrès

La sagesse, en réponse à une situation de vie douloureuse, génère naturellement de l'humilité. Celle-ci est souvent accompagnée d'une maîtrise de soi, d'un certain détachement et engendre un état de plénitude satisfaisant. Un état de sagesse alimente une prise de conscience, un éveil spirituel en lien avec les grandes lois de l'univers dès lors que la personne renonce à une implication trop fréquente de son ego. La personne sage sait qu'elle doit mener sans cesse un travail introspectif, faire l'effort de toujours mieux se connaître quel que soit son âge, afin de progresser au mieux dans sa quête personnelle de sens et de vérité, dans son rapport aux autres. Les lois cosmiques, celles qui régissent l'ordre universel, sont de deux ordres : celles qui concernent l'impermanence et par ailleurs, celles qui considèrent le progrès. Admettre l'aspect non permanent des situations qui viennent nourrir notre parcours, permet de se libérer des attachements inutiles à notre progression personnelle. La vision et surtout l'acceptation de l'impermanence aide à moins souffrir. Ce lâcher-prise qui s'en suit permet de ne plus considérer avec insistance l'aversion, la colère ou bien encore la peur, tout particulièrement celle de la mort. Mais pourquoi sommes-nous si exigeant, si tyranique parfois, envers nous-même ? Face à un parcours qui porte en lui, dès sa naissance, la finitude, il semblerait quasi normal d'accorder à sa propre vie davantage de souplesse, d'accueil, de légéreté que de luttes, de désirs de pouvoir ; d'être également moins en capacité de prouver - ou de se prouver - quelque chose, de s'imposer telle ou telle exigence. Supprimer cette compétition envers soi-même, souvent portée par un désir plus ou moins conscient de reconnaissance ou d'assouvissement d'un pouvoir personnel, ne peut qu'alléger le fardeau dont l'individu se charge inutilement. L'âme aspire, de manière générale, à se libérer de quelque chose de pesant : nous pouvons, en conscience, lui offrir à présent ce cadeau en lien avec le soulagement. Quant à la loi du progrès, la considérer comme faisant partie de notre cadre de vie permet de se saisir de l'idée d'un sens de la vie, d'une direction d'évolution, d'une perception du déroulement des situations de vie, de manière adaptée, raisonnée, significative.

Au sein des lois spirituelles, Spinoza distingue deux thématiques bien différentes. Pour lui, il ne faut pas unir les lois divines et les lois religieuses. Les premières sont *innées à l'âme et comme inscrites en elle* [16] (in Traité théologico-politique page 679) et en lien avec la vraie connaissance et l'amour divin ; les secondes sont davantage portées à éduquer l'homme par des commandements, en vue d'une pratique vertueuse de l'amour entre les humains, de l'entraide, de la justice. La personne qui s'engage sur le chemin de la quête de sagesse s'orientera sûrement vers la reconnaissance des lois divines, propres à l'univers, en vue de se rapprocher de la béatitude ou *joie parfaite* qui représente l'accomplissement en matière d'accès au bonheur ; bonheur qui est la préoccupation centrale pour le sage, pour le philosophe. Aristote, en son temps, avait déjà affirmé que c'était par la contemplation divine que le bonheur suprême pouvait être approché : c'est également dans le fait que l'homme peut et doit conserver son être (son essence authentique) et non pas s'en déposséder, que se définit cette vaste notion de bonheur.

4. La métamorphose intérieure

Transformer la douleur

La sagesse comme nous l'avons déjà évoqué, peut être l'issue providentielle d'un parcours de vie chaotique. *Une des propriétés de la souffrance est d'éveiller dans l'être humain des qualités qui n'apparaîtraient jamais dans d'autres conditions*, nous dit l'enseignant spirituel bulgare, Omraan M. Aïvanhov. Une *métamorphose de la douleur* peut ainsi être engagée lors de la quête. Avec pour pilier central, en matière d'objectif, le travail intérieur de libération de(s) blessure(s) initiale(s) (qui engendrent de la tristesse incomprise parfois, en lien avec des sensations de rejet ou d'abandon principalement) ayant affecté la personne lors de sa venue au monde. L'origine de la souffrance vient souvent se nicher dans la sphère, relationnelle et affective. Quand cela s'avère possible, on tente de la masquer en s'investissant au delà des limites raisonnables, dans une activité professionnelle qui a du sens pour la personne. La reconnaissance, la valorisation intellectuelle, l'épuisement au travail viennent ainsi camoufler la douleur profondément inscrite en soi. On recherche une protection, que l'on imagine définitive, pour échapper aux blessures ; celles que la personne se doit de transcender, de digérer, de purifier. Métamorphoser la douleur l'oblige à puiser en elle, profondément, à trouver de nouveaux points d'appui, notamment situés en soi. *Il y a nécessité de se connecter à son âme*, dirait un thérapeute spirituel.

Un travail de compréhension, d'analyse, permet d'observer la situation comportant une réactivation des souffrances vécues, lors de l'enfance essentiellement. Cette étape conduira la personne à se dégager *raisonnablement* d'une emprise afin de pouvoir réellement vivre et acquérir un potentiel d'autonomie rarement approché. Ce cheminement exigeant, empreint de sagesse, aura toujours le même but : se prendre en charge pour s'assurer un bonheur personnel, indépendamment des éléments extérieurs ; se rendre autonome, afin d'aborder plus sereinement toutes les phases de la vie nourries de désirs, de passions *saines* (qui viendront engendrer une joie intérieure personnellement élaborée) mais aussi parfois douloureuses.

La solitude pourra devenir alors une alliée pour éclaircir ces passions ; elle ne constituera plus une crainte profonde pour la personne qui en souffrait. On peut bien entendu citer les pratiques créatrices notamment artistiques qui seront en mesure dès lors, de procurer un état constructif de satisfaction, de passion. Le philosophe Nicolas Go à évoqué dans son ouvrage *l'Art de la joie* [17] cette joie issue d'une approche artistique (en qualité d'acteur ou de contemplateur) ; j'aborde, dans mes deux précédents livres, cette thématique de l'exploration positive de sa propre créativité.

Sécurité intérieure, Jovialité

La sagesse, dans le cadre d'un cheminement personnel, vise également à s'apporter du soin (la psychologue Carol Gilligan a mis en avant l'éthique du *Care*, cette capacité à prendre soin d'autrui, se sentir concerné par son sort), de la considération, de l'amour, de la reconnaissance de manière consciente ; à se porter du respect, à installer davantage de bien-être, de plaisir dans son existence. Cette version de la sagesse, dont l'objectif reste celui que développe la plupart des philosophes qui ont approché le sujet, est en lien étroit avec un développement spirituel de sa propre personne, pour une meilleure intégration dans le monde. Il s'agit ainsi de porter une attention toute particulière à son Soi, peut-être jusqu'à ignorer le monde extérieur (dans un premier temps) pour le retrouver par la suite, de manière plus autonome, en étant moins dépendant de lui. Cette attitude revient à développer des capacités comme sa propre sécurité intérieure, peut-être même jamais éprouvée auparavant, sa propre sécurité affective notamment. Ainsi, cette prise en mains de Soi exige de constants efforts, des renoncements pour inverser la donne en notre faveur. Là aussi, tout comme l'accès à la joie, l'optimisme philosophique qui soutient cette nouvelle manière d'exister, ne se décrète pas. Après l'inévitable étape de prise de conscience, vient la nécessité d'engager des actions encourageantes pour parvenir à se délivrer de ce qui continue de nous entraver.

Dans le cas d'une souffrance engendrée par une solitude ou sa perspective, la mise en place progressive d'une sécurité personnelle ainsi que d'un amour de soi deviendront des objectifs essentiels. Bien souvent, une dévalorisation accompagne cet état de souffrance. Soit seul, soit avec une aide, il nous faudra relativiser cette sensation et nous projeter dans la reconnaissance de nos propres qualités, même si elles nous semblent peu dignes d'être en nous-même. C'est là qu'intervient l'appui offert par la reconnaissance des lois de l'univers et en particulier celle qui établit que tout événement à un sens dans la vie de chacun. La sagesse prépare à l'acceptation toujours plus grande des événements inévitables jalonnant nos vies. Nous sommes et nous serons chahutés. L'essentiel est de s'emparer de ce postulat, de porter un regard plus sélectif sur ce qui se passe afin de pouvoir percevoir les aspects positifs et bienveillants qui s'offrent à nous, bien souvent masqués à première vue. Par l'intermédiaire de la connaissance, de la raison, la personne peut ainsi décoder ce qui lui arrive, même si c'est délicat à vivre mais toutefois *nécessaire* pour son évolution spirituelle. Sans attendre une valorisation de la part de l'extérieur, elle pourra peu à peu accueillir le fait que toute action, engendrée par des désirs humanistes, est plus largement reconnue par *plus grand que l'humain*, par le cosmos, par Dieu ou toute autre Puissance invisible venant régir nos parcours incarnés. Intervient ici-même la notion d'humilité sans laquelle notre toute puissance, plus ou moins orgueilleuse, nous dirigerait vers une absence de désir de sagesse. Il y a un équilibre à instaurer au sein du rapport *donner/recevoir*. Sans s'appuyer sur des considérations dogmatiques, il est sage d'énoncer que toute action vertueuse engagée porte l'empreinte d'une reconnaissance qui peut cependant s'avérer masquée ou bien décalée dans le temps, disproportionnée et parfois reportée. A nous de nous convaincre de ce constat pour observer par la suite une augmentation de notre niveau de revalorisation, ce qui pourra nous mettre en joie, nous replonger dans le flow.

La sagesse, son parcours d'accès, permet d'apprendre à devenir plus libre, d'être libéré de ce qui a pu nous retenir, de cultiver la joie. Elle offre la possibilité d'opter pour une nouvelle voie, pour davantage de spiritualité, de compréhension et surtout d'acceptation de tout ce qui advient dans nos vies. Comme nous l'avons vu, en se voulant être une porte d'entrée vers un bonheur personnel, non dénué cependant d'épreuves à dépasser, la sagesse conduit à cultiver de la jovialité en soi à partir d'attitudes personnelles de réconfort, d'acceptation des lois sprirituelles propres à l'univers dans lequel nous évoluons. Cette démarche permet aussi de s'apporter de la considération, de l'amour, celui qui nous a manqué à une certaine époque de notre vie. Nous sommes certes en *co-dépendance* avec les autres humains. Mais, sur le plan d'un projet individuel de développement de soi, la personne est tenue de devenir autonome avant de se lier aux autres. Cette opération d'individuation est semble-t-il la plus importante que les humains doivent connaître, appréhender.

5. Devenir attentif à Soi

La route de la Joie

La sagesse permet de conscientiser nos instants de vie ; ils ne doivent pas nous échapper au profit d'une autre instance. L'individuation ne peut s'établir qu'en établissant une sécurité intérieure résistante à toute épreuve. Néanmoins, quel que soit l'état de sa construction, il est essentiel de focaliser sa conscience sur cet aspect de la personnalité. Il constitue un lien avec l'ancrage, l'enracinement dans le quotidien. L'acceptation des épreuves (dont la présence reste utile et nécessaire pour l'évolution de l'âme), avec leur gestion pour un meilleur dépassement, sera plus en mesure de se réaliser si un développement de l'individualité s'opère. Il peut être envisageable de se faire aider au sein de ce processus. Des réactions brusques risquent d'apparaître lors d'une première confrontation avec l'adversité, ce qui semble tout d'abord naturel. On refuse la souffrance, la douleur, la remise en question de soi, de son *confort* de vie. On ne peut guère d'emblée percevoir les messages que ces épreuves délivrent et ce qui demandé de vivre est bien au-delà de ce que l'on pense pouvoir supporter. Elles nous plongent dans un désespoir au sein duquel le sens nous échappe. La seule manière efficace de réagir serait de (re)venir à Soi. Avec bienveillance, avec amour envers soi. Le respect que l'on peut s'apporter est dès lors primordial ; il est à la base de la guérison. Devenir ami avec sa douleur, ne pas la repousser permet d'entamer l'étape d'acceptation, nécessaire à vivre.

La souffrance vécue nous appartient, bien naturellement. Elle résonne en nous, pas en l'autre, même si compassion et clémence peuvent survenir de l'extérieur, lors de son évocation, d'échanges intimes. Parvenir à revenir vers soi n'est pas un acte d'egocentrisme mais un acte de survie, ainsi que l'a expliqué et vécu Spinoza. Le tout premier acte de sagesse est bien celui qui consiste à s'apporter du respect, de l'attention, de la considération pour sa propre individualité, pour sa propre existence incarnée. Cette nouvelle attention que l'on se porte - chargée d'amour envers soi-même, sans concurrence, sans challenge, sans jalousie etc. - et que l'on porte à autrui, représente le premier pas à franchir pour progresser et se diriger de manière différente vers son propre but existentiel : trouver la paix et la sécurité en soi. Un recentrage positif, exercé sur sa propre personne et ses valeurs par un apport de reconnaissance, génère un regain de confiance. Une *récompense* (selon la définition que nous avons du monde spirituel dans lequel nous évoluons) s'en suivra. Un trésor se trouve *nécessairement* au bout du voyage. Tout comme la Route de la soie dont les chemins permettaient l'acheminement de biens précieux, la Route du Soi reste un itinéraire inestimable qui nous conduit vers notre véritable trésor intérieur, constitué de pépites de Joie.

La joie est issue d'un acte personnel. L'action doit supplanter le savoir dès que possible afin que de celle-ci naissent les premiers résultats souhaités, en matière de mieux-être. La première joie qui peut être ressentie, c'est bien celle de l'autonomie, de l'état d'indépendance acquis, grâce aux actions personnelles menées. Cette joie de naissance à Soi - née d'un propre travail réflexif motivé par le désir d'accéder à une existence, plus en adéquation avec sa *puissance* personnelle et fondée par soi-même - a le goût d'une seconde naissance. C'est une joie philosophique qui nait après une étape de conscientisation menée pour la libération de soi : une joie - née d'une passion pour l'introspection (philosophique ou autre) et d'une jouissance issue de l'acte de Connaissance de soi (accessible à tous) - qui conduit vers l'apaisement, vers la guérison notamment. Cet état, valorisé notamment par le philosophe Nicolas Go, relève d'une pratique opiniâtre en vue d'une quête de joie parfaite ; celle qui permet d'ouvrir la voie qui conduit sereinement vers un mode de vie intégrant la sagesse.

De l'Ego à la liberté intérieure.

Avant de s'affranchir du fardeau, il semble bien inutile de continuer à se dévaloriser sachant que le rôle de chacun est bien défini, que chaque être humain a son propre parcours de vie avec des obstacles spécifiques à franchir. Ainsi, l'acceptation réelle et en conscience de ce qui *est* contribue à libérer peu à peu la personne, à lui retirer un poids devenu trop lourd à porter pour pouvoir avancer sur sa route. La poursuivre, en suivant de plus en plus sa propre intuition tout comme sa propre lumière intérieure, apaise l'âme et donc libère le corps de douleurs. Bien souvent, la taille de la souffrance est en lien direct avec l'importance donnée à l'ego, au mental, qui envisage ou crée des situations inappropriées pour l'accès au bonheur.

Gagner en liberté intérieure permet de se délester, de se rapprocher de valeurs humaines essentielles et de s'ouvrir à la joie somme toute banale que peut apporter le vécu de moments simples ; ceux qui arrivent notamment par le biais des rencontres, des arts, de la nature, des enfants, des animaux domestiques etc.

Solitude et silence intérieur favorisent l'accès à cette lucidité qui reste nécessaire pour prendre de la distance envers ses émotions, ses agitations, envers l'adversité et pour se pencher sur son existence, de manière méditative. *La sagesse est la méditation de la vie,* a écrit Spinoza. Ainsi, ne négligeons pas ces moments de rencontre avec soi, en tête à tête.

La libération intérieure (cette *déliaison,* évoquée par Frédéric Lenoir) représente l'élément central sur lequel reposeront les premiers pas vers la sagesse. En ayant conscience de sa propre aliénation, d'un état de dépendance, de soumission, qui peut être relié aux origines, il cst possible d'enclencher un travail personnel sur la notion d'autonomie. Tout ce qui a pu déterminer des comportements ou bien encore une personnalité, doit être réellement pris en considération afin de pouvoir se dégager d'une emprise et de se diriger vers un véritable accomplissement, vers une éclosion de l'âme. On devient ainsi l'humain qui a dépassé son égocentrisme et qui est capable d'assumer en adulte ses relations. Un individu habité par un comportement narcissique ne peut atteindre la sagesse ; même s'il s'acharne à pratiquer des exercices psychocorporels regroupant différents types de postures pour apporter un bien-être physique et mental. Un déconditionnement sera préalablement nécessaire afin d'épanouir le potentiel spécifique d'abnégation, d'altruisme, de renoncement. Progressivement, un cheminement vers l'éveil pourra dès lors se dessiner.

Le petit miracle de la liberté intérieure prend naissance dans la conscience des faits : le manque de liberté provient d'un manque d'amour pour soi : souvent, nous estimons être la victime d'un contexte désavantageux alors que le problème véritable (tout comme la solution) se trouve en nous-mêmes. Il est possible de découvrir en soi un espace de liberté et par la suite de l'agrandir. Sans doute, le premier acte à accomplir reste-t-il celui qui consiste à accepter la situation présente c'est-à-dire celle du départ de la quête. Oui, il faut accepter ce que l'on n'a pas choisi, consentir à des choses non souhaitées. En acceptant le réel tel qu'il est, on libère un espace de vie qui jusqu'alors était bloqué. Les énergies mutent dès lors. Etre libre, ce n'est pas simplement choisir telle ou telle situation : c'est également (et surtout) accepter, consentir, avec confiance, avec foi ce qui est. Il s'agit donc d'une démarche spirituelle, au sein de laquelle nous pouvons dès lors grandir.

Des moments d'épreuve deviennent souvent des moments de découverte de chemins nouveaux qui fortifient l'espérance de la personne et permettent de s'engager vers une autre direction qui semble nécessaire, même si elle n'est pas perçue comme telle, surtout à ses débuts. Dans une société où l'individu cherche par sécurité à tout planifier, à tout contrôler, à tout décider, le fait d'accepter un blocage n'est pas nécessairement bien accepté, ni même bien vécu. On exige souvent que la vie soit conforme à nos désirs. On laisse peu de place à l'imprévu, à l'abandon de toute maîtrise. On imagine la plupart du temps que ce contrôle nous permettra d'être heureux. Et lorsque rien ne fonctionne, on abandonne et on se dirige tout droit vers la perte de l'estime de soi.

Le consentement n'est pas la résignation ou le renoncement. Dans le consentement, il y a une acceptation du réel, tel qu'il se présente, couplée à de la confiance. Rien n'est perdu, il faut vivre ce qui est et faire confiance en l'existence de lois naturelles qui régissent l'univers dans lequel on évolue. Un blocage peut devenir une opportunité ; il peut y avoir un cadeau caché derrière la difficulté vécue. Un abandon (de soi) est à réaliser, au profit de l'inconnu, de l'espérance ; et cela va bien sûr à l'encontre d'un contrôle. Cette attitude d'abandon, de lâcher-prise engendre de l'humilité, façonne un espace de liberté intérieure à partir d'une contrainte, fait naître un nouveau souffle conduisant à moins de dépendance envers ce qui reste précisément un objet d'inquiétude mais également un obstacle, un empêchement.

Dans la résignation, la perception et surtout le ressenti des événements sont bien différents. Ainsi, découragement, sacrifice, idée de soumission peuvent s'immiscer dans l'esprit de la personne. Fatalisme et passivité semblent également se positionner sur sa route. Cet état de démission, d'abandon survient dès lors que la personne croit ne plus pouvoir sortir d'une torpeur créée par des facteurs environnementaux qui ont réduit ses espérances. Afin de pouvoir s'en extraire, de comprendre la signification de cet état, il est nécessaire de s'enrichir spirituellement. Porter un autre regard sur la situation, grâce à la présence et à l'aide de personnes dignes de confiance, permettra progressivement de transformer cette résignation en résilience. Si l'état d'impuissance perdure, il deviendra nécessaire d'avoir recours à des thérapeutes appropriés ; la parole s'avère être un outil de guérison éminemment important.

Pour conclure, la survenue d'un contretemps, d'un obstacle - accompagnée par la notion d'acceptation et de consentement - peut permettre d'élaborer, d'entrevoir un espace de liberté intérieure, doublé d'un espace de sécurité personnelle. Dès lors, leurs édifications pourront favoriser le franchissement de la difficulté. Un travail sur soi, à partir d'une véritable analyse et compréhension de la situation, permettra le dépassement.

6. Un savoir-être comme comportement

Décider de soi

La sagesse reste un objet fondamental de la philosophie. Une réflexion menée sur les êtres, sur les causes, sur les valeurs par les philosophes, ne pouvait que conduire vers l'étude du bien-être, d'un art de vivre qui demande de se détourner sainement de ce qui vient tourmenter l'individu. Certains penseurs ont rapidement conclu que cette attitude de sage ne pouvait que concerner un petit groupe d'individus, au vu des circonstances de nos existences et que le commun des mortels ne pouvait en aucun cas se soustraire aux avatars de sa propre vie, dans le but d'accéder à une vie meilleure.

Faudrait-il dès lors renoncer à la sagesse ?

Rassurons bien vite le lecteur : viser un objectif (sans forcément l'atteindre), issu de pensées et d'actes de philosophes particulièrement éclairants, peut devenir la préoccupation première de chacun, si celui-ci le désire, si l'intérêt pour lui s'affirme indéniablement. Des outils, des techniques sont à la portée de ceux qui souhaiteraient en bénéficier, dans le but de procéder à une libération interne de leur mental, à une saine purification, dans le souci d'apaiser leur psychisme, de dépasser leurs angoisses, de se satisfaire prioritairement d'abord.

La sagesse peut ainsi (aussi) exister en acte et devenir accessible à l'homme moderne. Robert Misrahi écrit dans un de ses ouvrages sur Spinoza : *tous les hommes peuvent avoir accès à la science intuitive, à la rationnalité ; la raison repose sur la définition et l'utilisation de notions communes : tous les hommes peuvent y avoir accès pourvu qu'ils soient motivés, courageux et patients.* L'expérience des difficultés est vécue par chacun de nous. Sans doute est-ce par son vécu et son dépassement que l'individu accède à davantage de maturité, de prise de conscience, de possibilité de se libérer de ce qui l'entrave. Certes, nombreux sont ceux qui ne *profitent* pas de ces embûches pour accéder à un degré d'autonomie supérieur, à une réflexion portant sur leur existence. Nous restons uniques, aussi bien en matière de choix que de conscience. Les épreuves endurées nécessitent - nous l'avons déjà exprimé - d'être entendues, décryptées, afin d'en retirer le maximum sur le plan de leur compréhension pour un futur meilleur. Pour définir de nouvelles attitudes qui soulageraient le quotidien, il devient donc nécessaire de se pencher sur qui nous sommes, sur la manière dont on réagit, sur nos interactions envers les autres. *Si tous les individus lisaient Spinoza, il est clair que l'humanité serait tout entière libre et heureuse. Ne clamons pas à l'avance l'impossibilité d'un début. Les utopies ne sont que cela même que l'humanité est capable de réaliser,* précise Robert Misrahi, dans son ouvrage

Le philosophe Pierre Zaoui qui a écrit *Spinoza, La décision de soi*, paru en 2008, s'est penché sur la possibilité - illusoire ou non - pour l'être humain d'intervenir sur lui-même, pour lui-même. Dans cet ouvrage, il évoque que son écriture s'est faite durant une période difficile de sa vie, semblable quelque peu à celle du philosophe néerlandais quand il rédigea le *Traité de la réforme et de l'entendement*, en 1677. Tous deux cherchaient un point d'appui dans la philosophie de façon à en faire un remède. Décider de soi renvoie au fait d'apprendre à renoncer à soi au profit du monde ; c'est en sorte de l'anti-développement personnel.

Ainsi, on se libère d'un fardeau ; celui qui consiste à rechercher en soi des *forces profondes* ; afin d'instituer un nouveau rapport avec les forces extérieures (à la personne) dans le but de se nourrir et non pas de se détruire. Cette expérience, dit Spinoza, est une réforme de l'entendement, une modification de son esprit, de sa façon de se connaître. Chacun essaie de persévérer dans son être mais la plupart du temps, cette entreprise ne mène pas au bonheur. Autrement dit, on ne décide pas de soi en forçant son petit ego à obtenir (de gré ou de force) mais en devenant capable de se réjouir de tout ce qui est, de tout ce qui existe. Nous ne sommes pas Dieu nous-mêmes. Pierre Zaoui dit qu'il a essayé d'aborder cette idée de décision de soi en parlant de *miracle*. Ainsi, par quel miracle peut-on passer de la servitude, de l'ignorance, à la liberté, la connaissance, c'est-à-dire affirmer être parvenu à un état de sagesse ? On ne peut compter sur la seule volonté de l'humain, nous l'avons déjà évoqué. Le désir, oui, mais encore faut-il qu'il y ait un but (pour l'homme) associé à du plaisir (des récompenses), à du contentement (celui de l'âme mais aussi celui en lien avec l'enveloppe charnelle). Le volontarisme s'accompagne aussi d'illusions parfois : des limites, des restrictions (plus ou moins levées) se dessinent dans toutes nos conduites de projets.

Une décision (de soi) de ne plus chercher à décider, à choisir, à maîtriser, à contrôler permet de laisser place à de une acceptation, en vue de *se laisser choisir* par des forces que l'on ne maîtrise pas et qui sont pourtant libératrices. Comment à partir de son propre lieu d'impuissance (celui où l'on se sent oublié par la vie, par Dieu, par la Puissance supérieure) pourrait-on découvrir ses propres richesses, se demande Pierre Zaoui ? Il y a peut-être quelque chose de l'ordre du miracle (non religieux) lors d'une résolution inattendue de nos problèmes, de nos tentatives de réussite, dans un domaine personnel, poursuit le philosophe. En effet, tout ne peut venir de soi, de sa propre décision, de sa propre énergie mise dans les actes entrepris. Peut-on espérer trouver une issue à sa propre impuissance quand on ne croit ni en Dieu, ni en la volonté de l'homme ? Spinoza fait intervenir certes la magie du désir bien orienté, dans l'optique d'une quête de sagesse, de bonheur. Telle chose peut advenir dans la nature et venir contredire son ordre défini ; ou bien encore, des faits contraires à l'ordre habituel peuvent surgir : s'il s'agit d'événements non expliqués par une cause, ce peut être dès lors une *chance*, avec sa dose d'irrationalité, d'un fait stupéfiant qui ne dépend pas de nous, de notre décision. Il semble ainsi rationnel, c'est-à-dire naturel et nécessaire pour l'esprit humain d'y inclure une part certaine d'irrationnel. Spinoza dit croire aux miracles, au sens privé. Frédéric Lenoir, quant à lui, énonce que le philosophe néerlandais n'y croyait pas, dans son ouvrage *Le miracle Spinoza* : le philosophe hollandais s'est bien penché sur la question des miracles dont il rappelle la fonction de *signes* mais *il estime tout à fait erroné de les considérer comme des actes divins contredisant les lois naturelles,* précise F. Lenoir. Il s'agit, selon Spinoza, de phénomènes inexpliqués (mais pas inexplicables), produits par la puissance de l'imagination et de l'esprit humain.

Peut-on malgré tout espérer un jour décider de soi ? Peut-on espérer trouver une issue à notre propre impuissance ? Spinoza parle de décision ou de dessein (dans son *Traité*), ce qui indique que *d'une certaine manière, il croit aux miracles,* précise Pierre Zaoui. L'homme (qui souhaite devenir sage) s'engage dans une tâche de reconversion de ses passions, dans une quête de sagesse, afin d'en finir avec les servitudes. Sa volonté, son Désir peuvent parfois essuyer un refus de la part de la vie ; son engagement seul est important mais pas suffisant. La décision de soi (de se prendre ou plutôt d'être pris en charge) peut être mise hors de ses mains. Elle peut lui échapper un temps. Il lui faut accepter cette possibilité. La quête de sagesse n'est donc pas une démarche que l'Homme peut totalement envisager seul, lui-même. C'est en cela que les philosophes ont admis qu'elle ne pouvait concerner qu'un petit groupe d'individus, que le commun des mortels ne pouvait se soustraire aux avatars de sa propre vie. Décider de soi (pour parvenir à tirer profit d'une démarche de sagesse, c'est-à-dire atteindre une certaine félicité) s'avère possible mais en tenant compte de paramètres annexes cependant. Ils semblent relever manifestement du mystère, de la nature, du divin (18), du spirituel, de la grâce...

La sagesse comme réponse adaptée

Il y a donc une liberté intérieure à conquérir. *La vraie liberté est l'indépendance de l'esprit*, disait Sénèque. Il s'agit de l'acquérir tout en devenant, tout en restant sans cesse *vivant*. Sans doute y aura-t-il dès lors des modifications à réaliser au sein de sa propre existence. Il faut avoir la sagesse de considérer précisément tout ce qui parasite l'accès à la liberté, à la joie, au plaisir, enfin...au bonheur. Passer par des efforts raisonnés pour gagner en liberté intérieure s'avère nécessaire. Bien souvent, il y a un enchaînement, un attachement de trop : il vient alors procurer (provoquer) de la déception puisque sa nature n'est plus en adéquation avec notre manière actuelle de vivre. Tout en songeant à l'organisation d'un mieux-être futur, il s'agit en premier lieu d'avoir la sagesse d'accepter la souffrance ; celle-ci a un lien avec le fait de grandir (spirituellement), ce qui n'est pas une évidence. Cependant, le consentement à la vie, à ce qui *est*, permet déjà de générer une liberté psychique, spirituelle, qui est grandement nécessaire pour atteindre le but recherché.

Le bonheur n'est pas à l'extérieur de soi ; bien souvent, les frustrations, les freins qui le retiennent sont en lien avec l'avoir (le bonheur dépend de notre puissance spirituelle, pas des biens extérieurs à soi), avec les possessions de toutes sortes et non pas avec l'être, avec ce qui est en lien avec l'âme ; ainsi, c'est d'abord avec la prise de conscience de cette réalité que l'on peut relativiser notre souffrance et nous engager vers une quête de bien-être. L'aventure philosophique commence alors.

Un désir de sagesse peut s'accomplir en suivant l'une des voies qui conduisent à une libération : la première consiste à s'éloigner de toute possibilité d'émergence de souffrances ; ce qui va conduire à s'isoler, se cloîtrer, fuir le monde, entrer dans un ascétisme rassurant la personne mais hors de la vie incarnée. On sera tenter de viser l'ataraxie, d'adopter un style de vie qui s'inscrit dans le refus de la douleur. Une sagesse qui peut devenir dès lors mystique, détachée totalement des passions, quelle qu'en soit leur nature. Ici, il n'y a pas de communion avec le monde car il est source d'aléas qui peuvent faire basculer l'existence. Cette attitude sage peut devenir contemplative, très méditative et encline à supprimer les désirs (qui conditionnent cependant notre existence incarnée, qui peuvent se tourner vers la joie tout comme vers la tristesse, selon notre discernement) pour éviter la douleur, l'épreuve. Montaigne, l'épicurien, s'en tenait à de la mesure mais sans ascèse.

Une seconde voie existe, radicalement opposée à la précédente. Elle s'inscrit dans la reconsidération du bien-être. Ici, le consentement à tous les aspects de la vie, l'acceptation de ce qui *est* seront des clés qui viendront ouvrir la porte de la libération intérieure. Libération qui permettra à la joie (de vivre) d'émerger petit à petit. Cette attitude, empreinte également de sagesse, présuppose un amour inconditionnel de la vie. La joie, associée à la sagesse, vient nourrir la notion du sens de la vie qui devient ainsi pleinement vertueuse. *Cependant, cette joie ne se décrète pas ; on peut créer néanmoins un climat favorable, un état d'esprit pour permettre à ce sentiment, à cette émotion*, à *cet affect* (terme employé par Spinoza) *d'émerger*, écrit Frédéric Lenoir. Elle se cultive et se construit peu à peu ; elle est reliée à la puissance d'agir nous dit le philosophe néerlandais et c'est bien elle qu'il faut restaurer ou entretenir. Accepter que la sagesse intègre la joie, c'est accepter que l'épreuve côtoie le bonheur ; c'est accepter et aimer la vie sans conditions, avec ses variations, ses moments agréables mais également contrariants, limitants. L'acceptation des limites, son intégration au sein de la vie quotidienne permet de délivrer peu à peu l'individu de ses chaînes mentales inutiles et le conduit vers des bienfaits parfois inattendus.

Le premier chemin est donc destiné à s'approprier davantage de sagesse par la voie du renoncement, de la mise volontaire à l'écart. L'ataraxie sera l'un des buts visés afin de parvenir à un apaisement. La seconde voie n'est pas constituée de répressions mais d'une conversion (des passions, des instincts). On ne fuit pas le monde, cependant on exerce un certain détachement envers les plaisirs, les biens, etc. C'est une voie qui repose sur la conversion du Désir, sur la flexibilité, sur le lâcher-prise mais aussi sur sa propre participation au sein de la collectivité. C'est également une voie qui n'éloigne pas la richesse et l'intensité liées à une vie affective et désirante. Cependant, cette voie exige un effort rationnel pour vivre une telle existence, nourrie de petits instants de joie qui viennent étoffer l'idée de bonheur ; un effort, notamment dans l'orientation renouvelée des désirs.

L'attitude de conversion

Il convient dès lors de ne pas se retrouver dans l'état de souffrance initiale ; celui qui a conduit raisonnablement vers la quête de la sagesse, par obligation, peut-être par survie. Passer d'un état de passions (qui étouffe la joie de la personne alors qu'elle s'imagine qu'elle peut le construire et que l'extérieur peut lui apporter le bonheur) à celui d'actions, vivre au cœur du monde (en banissant toute attitude de fuite) prend du temps, exige de la patience. Mais c'est bien par la puissance d'agir, par l'engagement et par l'implication que naissent les joies. Il s'agit d'anoblir toute action désirante, d'expérimenter ce qui met en joie, ce qui donne du plaisir. Pour le philosophe ou l'apprenti, la joie qui vient alors se dessiner est issue d'une pratique de la sagesse, associée à un engagement.

Certes, la joie vient parfois/souvent de l'extérieur, d'événements dont nous ne sommes pas à l'origine. Elle se révèle souvent éphémère, même si d'autres situations heureuses peuvent réapparaître. Pour que la joie soit durable, il est nécessaire de la faire émerger à partir de nos actes personnels. Mais, pas de grandes prétentions cependant au départ. Quand on nourrit une telle attitude, on peut développer une passion *noble*, joyeuse (comme le mentionne le philosophe Gilles Deleuze), puis une joie active, celle qui *est* cependant déjà présente en nous : une joie de vivre, d'exister, en quelque sorte. Il s'agit ainsi d'annexer la joie à la sagesse que l'on souhaite acquérir.

La quête de la sagesse, entretenue par la joie (intérieure) semble être une perspective saine pour notre bien-être. La joie vient du cœur ; et le cœur est un muscle ; un muscle, ça peut se développer par l'effort, par l'action. De la même manière, il nous faut développer (acter) des petits moments de joie personnelle, entamer un travail - en conscience, avec lucidité - d'émergence de ces moments ; tout en ayant intégré les ingrédients constituant la sagesse que sont l'acceptation, le possible renoncement, la compréhension des lois universelles (divines), l'existence d'un principe gouverneur supérieur à soi.

A l'intérieur de ce cadre, il est donc possible de développer des instants de joie. Cependant, en amont, on retrouve l'idée de la nécessaire et parfaite connaissance de soi, de ses propres affects, de ce qui nous met en joie, sans apports provenant du monde extérieur à soi (ce qui vient ainsi traduire une libération, un détachement). Le célèbre *Connais toi toi-même* (une des maximes delphiques attribuées à Apollon et transmises par l'oracle des sept sages de la Grèce), devise inscrite au frontispice du temple de Delphes et reprise par Socrate (avant lui Héraclite d'Ephèse avait exprimé la même idée), reste d'actualité, plusieurs siècles après sa mise à jour. Chez Socrate, l'acquisition d'un savoir, la recherche d'une vérité si chère aux philosophes, sont remplacées par une manière de s'interroger, de se mettre en question, de se soucier de soi. Pour lui, la philosophie est une manière de vivre, la sagesse un savoir-vivre, un savoir-être, qui doit permettre d'accéder au bonheur. Cette assertion grecque sous forme impérative, indique que l'exigence de l'Homme doit se porter sur sa nature. C'est en se connaissant, en menant un parcours introspectif, en cherchant en lui-même, qu'il peut trouver une forme adaptée de sagesse. Chacun dispose en lui du *savoir se connaître* ; il suffit de vouloir s'en rapprocher. La connaissance est immanente à l'homme et non extérieure. C'est avec/par la connaissance (spirituelle, intellectuelle, de Soi, du Monde...) que l'homme peut se sauver, se libérer des asservissements, métamorphoser ses *passions tristes* (décrites par les philosophes Baruch Spinoza et Gilles Deleuze) en affects joyeux.

Les premiers pas vers la sagesse commencent par cet apprentissage permanent de découverte de soi, en lien avec la pratique de vertus spirituelles, qui permettent de porter en soi une foi (qui ne s'oppose ni au(x) savoir(s) ni à la raison) construite à partir d'éléments personnels, spirituels, religieux, parfois occultes. Le philosophe Martin Steffens dans son ouvrage *Petit traité de la joie, Consentir à la vie* (19) synthétise fort bien la notion de foi : *avoir la foi n'est rien d'autre qu'accepter l'épreuve. C'est savoir qu'un malheur n'arrive jamais seul. La foi n'est pas d'abord croire que l'impossible est possible. C'est au contraire croire, voire savoir, que tout le réel est réel, autrement dit, est plus grand que l'idée qu'on s'en fait : il est plus que la dimension où veut l'enfermer notre désespoir. La foi, c'est être disponible à la souffrance de l'homme autant qu'à l'amour qui la soulage, aux blessures qu'on inflige comme à celles qu'on guérit, au Mal qui divise autant qu'au Bien qui unit. C'est voir, au cœur de la ténèbre, la lumière qui n'a cessé de luire.* Développer et maintenir le concept philosophique de la foi en soi permet de se situer dans un espace spirituel qui ouvre davantage encore la conscience et nourrit l'idée de sagesse.

Le défi de la sagesse de la joie parfaite

Inviter la sagesse dans sa vie, c'est faire réellement preuve de courage. C'est assumer une inflexion de sa propre trajectoire suite à des épreuves rencontrées. Convoquer la sagesse, c'est sans doute également assurer une conversion spirituelle ; c'est accepter l'existence comme une succession d'expériences, de nature très différente et qui se présentent nécessairement à la personne dans le but qu'elle puisse éveiller sa conscience afin de se réaliser. L'état de sagesse, lorsqu'il prend forme, vient s'accompagner d'une satisfaction, d'une maîtrise de soi, d'un détachement et d'une plénitude qui permettent à l'âme de se nourrir de vertus.

Un consentement total du déroulement de sa propre existence devient l'une des étapes du parcours, de la quête ; cette attitude d'acceptation permet d'aborder différemment la vie, de réduire les blocages énergétiques, les flux qui l'alimentent. Par ailleurs, elle favorise la libération de fardeaux inutiles, souvent de nature égotique, installés inconsciemment et paralysant les potentialités de la personne.

Instaurer une sagesse de la joie, en conscience, s'apparente à élaborer une philosophie personnelle que l'on peut développer afin d'être davantage en prise avec soi-même et moins dépendant du monde extérieur. Cette élaboration destinée à engendrer de la joie va s'accompagner d'une expansion de conscience, du souhait de s'orienter vers un inconnu utile à notre bonheur. *La joie s'acquiert ; elle est une attitude, un comportement. Etre joyeux n'est pas une facilité, c'est une volonté,* a écrit Gaston Courtois dans son ouvrage *La bonne humeur,* publié en 1930. La joie apparaît suite à un désir, à une action, à une attention, à une conscience sensorielle. Elle peut dès lors se manifester par l'activité créatrice, la méditation, le consentement à la vie, la persévérance dans l'effort ou le lâcher-prise (attitude qu'adoptent les adeptes taoïstes). *La joie n'est pas dans les choses, elle est en nous,* disait Richard Wagner, influencé par les légendes bouddhiques dans lesquelles la notion de nirvana est approchée, sorte d'illumination, d'éveil, de libération des souffrances et même d'état de joie parfaite ; elle peut devenir une nécessité dès lors que sa présence nous donne l'impression de revivre. Pour Baruch Spinoza, le bonheur suprême prend nécessairement le visage de la joie.

7. Application concrète

Le modèle Spinoza

Issu d'une famille juive portugaise réfugiée en Hollande, Bento de Espinosa (Baruch Spinoza), né le 24 novembre 1632 à Amsterdam, bénéficia d'une éducation juive complète à partir des lectures de la Bible, du Talmud, d'écrits de philosophes juifs du Moyen-Age, de la Kabbale.... Sa liberté de penser et son attitude trop libre par rapport aux pratiques du judaïsme lui valurent, à l'âge de 24 ans, une excommunication majeure de la part de sa communanté, ce qui équivalait à une sorte de mort civile. Ainsi, il dut ne plus apparaître en public ; nul ne devait l'approcher et même prononcer son nom. En 1656, un fanatique tenta de poignarder le philosophe. Il tint à conserver chez lui le manteau troué afin de pouvoir montrer à quel point sa vie était menacée. Ayant été informé des accusations portées envers son livre (L'*Ethique*) qui serait de nature athée selon les théologiens, Spinoza renonça à sa publication qui l'aurait fatalement conduit au bûcher. L'ouvrage fut rédigée entre 1670 et 1675 et publié de manière posthume en 1677.

Menant une vie retirée, à la fois par nécessité et par choix, il vécu de manière très simple en polissant des verres d'optique. Pour lui, la philosophie va devenir la discipline qui l'aidera à survivre, à trouver une voie qui lui permettra de se sentir en paix mais plus encore, dans un état d'allégresse. Cette attitude de réflexion représente une méditation de la vie : la pensée du philosophe va devenir une morale de la liberté, car elle vise la délivrance face à la crainte, à l'ignorance, qui se présentent comme des servitudes qui viennent emprisonner l'Homme.

Spinoza souhaite montrer combien la philosophie peut conduire l'homme à la béatitude ou au moins à l'équilibre personnel et social, en le délivrant de ses passions dès lors qu'il orientera favorablement ses désirs. Il écarte avec respect la solution religieuse pour trouver une voie d'apaisement de l'âme en dehors d'une dépendance quelconque et comme réponse à la question : *comment mieux vivre et que faire sans s'appuyer sur l'enseignement moral de la Bible qui ne propose que conviction ou obéissance* ? Pour le philosophe, au-delà de la richesse morale que détiennent les Ecrits, ces derniers n'apportent pas réellement de justification philosophique : la Bible ne délivre aucune connaissance sur la nature de l'être ; elle n'est qu'un manuel de morale. Spinoza va donc s'orienter une recherche rationnelle qui assurera les fondements de la sagesse. Son idée d'un Dieu-Nature, évoquée lors d'un paragraphe précédent, est en lien avec sa conception même de l'univers et la place occupée par l'Homme.

L'ouvrage majeur du philosophe est *L'Ethique*. Rédigé comme un traité de mathématiques, dans un souci de rationalisme absolu, il y proclame la recherche du salut par la connaissance, le *souverain bien*, qui apporte la joie, la béatitude et qui sauve du trouble des passions. La condition passionnelle de l'homme reste la base de sa recherche, de ses réflexions. Spinoza est un homme de désirs ; cependant, il revendique une maîtrise de ces derniers dans le cadre de la voie de sagesse qu'il prône et non pas une privation ou un renoncement de ce qui constitue l'essence même de la personne. Pour lui, le désir et sa puissance doivent être mobilisés en vue d'une poursuite de la joie. C'est bien lui, le désir, qui, en étant bien orienté, permet d'agir en faveur d'une libération.

Baruch Spinoza a fait une large place dans son œuvre à la sagesse, à la joie. Toutes deux furent pour lui des antidotes pour affronter la vie ; elles lui permirent de poursuivre son existence avec davantage de sérénité. Il qualifia d'ailleurs la sagesse de *remède vital*. Il développe sa réflexion, concernant la notion, en s'appuyant sur une raison scientifique qui affirme une puissance d'amour et de joie face à un désordre qu'engendre les passions qui asservissent la personne. Spinoza s'est orienté vers la sagesse, vers le vécu de joies personnelles dans le but de métamorphoser la souffrance vécue, tout en s'orientant vers une quête de la vérité et du bonheur. Il conclut *L'Ethique* en opposant le sage et l'ignorant : il part du principe que le sage agit sous l'emprise de la raison et que l'ignorant (celui qui est dépourvu de la vraie satisfaction de l'âme et qui *vit en outre presque inconscient, et de soi, et de Dieu, et des choses*) lui, vit sous l'emprise de la servitude de ses passions.

La philosophie de Spinoza, celle de la joie, témoigne d'un bel optimisme concernant l'humain et manifeste un authentique amour de l'être tel qu'il est, rationnel, intelligible, digne d'humilité, à l'issue de ses efforts ; elle exprime également une grande confiance dans les aptitudes de l'homme qui lui permettent ainsi de saisir le vrai, de s'unir à sa source s'il accepte toutefois sa condition, de devenir attentif à la Vérité, de développer de la lucidité afin de progresser jusqu'à une forme d'humanité la plus élevée possible, autrement dit celle qui permet d'approcher les notions d'éternel, d'intemporel, de vivre dans l'instant présent et de percevoir les aspects magiques, sublimes, divins de sa propre présence sur terre.

Le bien véritable

Le début du *Traité de la réforme de l'entendement*, écrit par Spinoza vers 1677 débute par ces lignes : *l'expérience m'ayant appris à reconnaître que tous les événements ordinaires de la vie commune sont choses vaines et futiles, et que tous les objets de nos craintes n'ont rien en soi de bon ni de mauvais et ne prennent ce caractère qu'autant que l'âme en est touchée, j'ai pris enfin la résolution de rechercher s'il existe un* bien véritable *et capable de se communiquer aux hommes, un bien qui puisse remplir seul l'âme tout entière, après qu'elle a rejeté tous les autres biens, en un mot, un bien qui donne à l'âme, quand elle le trouve et le possède, l'éternel et suprême bonheur.* Ainsi pouvons-nous percevoir dans ces quelques lignes l'annonce du thème si cher à la vie du philosophe et à son œuvre. Il va chercher ainsi à transmettre cette quête (du bonheur, via la sagesse) par l'écriture d'un ouvrage qu'il souhaite mettre à la portée du plus grand nombre, en étant clair et rigoureux. L'évocation de la sagesse, soutenue par la raison, constitue une extension de ce bien véritable porté par la philosophie qui permet d'accéder au *suprême bonheur*.

C'est bien cette recherche du *bien véritable* précédemment évoquée qui va constituer l'objectif premier de son existence (et de celles des personnes à qui il destine son *enseignement*) et l'essence même de sa quête de la sagesse, dans le but d'atteindre le bonheur profond et durable, de ressentir la *jouissance d'une joie suprême et incessante*. Ce processus s'accompagne d'une transformation de l'esprit, des pensées ; en devenant plus indifférente aux événements extérieurs et en se centrant sur son intérieur (sur son Soi), la personne s'oriente vers une harmonie et une sérénité associées, qui lui procurent une joie intérieure, personnelle. Ainsi, cette dernière en trouvant son origine en soi, vient inonder le cœur même de la personne. Elle est alimentée par des désirs raisonnés menant à des plaisirs modérés, revitalisant ainsi l'âme. Cette joie, représentant une expérience d'expansion nouvelle, est en lien avec un état de liberté, de délivrance ; celui-ci permet d'accéder à la béatitude (sorte d'extase spirituelle, de *joie* mais *active*). Spinoza utilisa *l'effort rationnel pour penser et vivre une existence conduisant à un bonheur global et durable, qu'il a appelé la béatitude,* nous précise Frédéric Lenoir dans son ouvrage consacré à la biographie du philosophe néerlandais.

Ce bien véritable, ce bien souverain, ce bien-être véritable pourrait-on même écrire, Spinoza décide de le chercher à travers un chemin de sagesse qui s'avère être moins rigoureux, moins strict et sans doute plus joyeux que tous ceux qui avaient été développés par les philosophes de l'Antiquité et même plus tard. Il s'agissait pour lui de développer, d'activer la puissance intérieure de la personne et non pas de la laisser dans un état de vigilance affaiblie. La philosophie ne doit pas seulement être pour Spinoza un discours savant et hermétique, un discours qui ne changerait rien au cours de notre vie. Elle doit permettre à la personne d'emprunter une voie qui peut conduire son âme vers son épanouissement. Il s'agit - au coeur de ce chemin menant à l'éternité d'une joie continue - d'appréhender un éveil de conscience qui va permettre de passer de l'état de passivité (au sein duquel cette conscience subit les aléas de la vie), à une puissance active, pleine et entière dans laquelle l'âme pourra se déployer dans la joie ; une joie qui deviendra continue, qui se montrera souveraine par rapport aux événements, qui ne se laissera plus dicter son état par ceux-ci. Le souverain bien deviendra dès lors une étoile polaire qui pourra guider les marins que nous sommes, naviguant sur les eaux tumultueuses de l'existence. Sachons apprécier davantage le chemin (destiné à être emprunté pour atteindre *le* but) que la destination finale elle-même. La joie n'est pas au bout du Chemin ; elle est le Chemin.

Des blessures à la joie active

On le voit, s'intéresser à la sagesse, c'est vouloir devenir heureux. Les philosophes antiques avaient pris conscience de certaines règles régissant l'univers, la vie des humains. Ils avaient mis la cité au cœur de leurs réflexions. A partir de là, ils avaient essayé d'imaginer toutes sortes de voies qui favoriseraient l'accès à davantage de plénitude en faveur de la population afin qu'elle subisse moins sa propre existence. Le plus souvent, il s'agissait de mettre à jour une gestion personnelle des désirs, plus en accord avec un état de bonheur et de joie, afin de dépasser un état de souffrance. Ainsi, en sublimant les blessures de la vie, à travers une quête inlassable philosophique et spirituelle de sagesse, il semblait possible de laisser place à un état intérieur serein, permettant ainsi de prendre de la distance avec ses émotions tout en mettant la lumière sur l'amour de soi. Pour ces sages, c'est en agissant avec tempérance que l'espérance d'un état de contentement pouvait être alors envisagé. Dès lors, évoluer de la souffrance vers la joie, vers ce qui rendrait plus heureux, devenait ainsi un chemin envisageable pour le bien de tous, au coeur de la cité ; tout en postulant que les problèmes, les souffrances, représentent des agents de croissance qu'il faudra - avec conscience et indulgence envers soi-même - traiter comme tels.

Au XVIIe siècle, avec Spinoza, la notion de joie est définie de manière nouvelle : elle s'affirme comme étant une dynamique mais également un passage ; elle n'est pas la perfection elle-même et ne représente donc plus un état statique. Ce qui la fait naître, dit le philosophe, s'identifie toujours à un *mouvement* d'expansion, d'accroissement, qui permet d'accéder à une plus grande plénitude. Ainsi, plus nous avons d'interactions avec le monde, plus nous disposons de possibilités d'agir et plus le potentiel individuel de joie croît. Le fruit est à l'arbre ce que la joie est à l'action, au partage avec autrui. Nous vivons toutes sortes de joies, dans des circonstances variées, qui vont de la solitude à la compagnie des autres humains. Spinoza insiste dans sa recherche sur le fait que toute joie est bonne et que toute tristesse est mauvaise ; mais il met également en lumière l'importance des représentations que nous nous faisons des situations, des personnes et des choses, au profit souvent des faits eux-mêmes. Il y a donc nécessité de bien se connaître préalablement afin d'éviter certaines désillusions.

Au sein d'un mode de vie incluant la sagesse, il devient essentiel de se nourrir de notre puissance intérieure (de nos actes), de nos affects reliés à nos actes, plutôt que de dépenser inutilement notre énergie dans des actions qui dépendent de l'extérieur, souvent en lien avec une gratification personnelle. Ces actions désirantes, issues de notre intériorité et accompagnées par notre conscience en éveil, viendront générer dès lors de la joie et délaisser la souffrance : *joie qui est une puissance en acte* (autrement dit, une potentialité virtuelle devenue réelle), *à la conquête de la béatitude,* sorte de puissance accomplie, de bonheur suprême, souligne Nicolas Go dans son ouvrage *L'art de la joie.* Cette sagesse de la joie, individuelle, permet par ailleurs de vivre la richesse et l'intensité qui émanent d'une vie affective équilibrée, avec une acceptation quasi-inconditionnelle des souffrances inévitables engendrées par des déceptions. Ce type de comportement sage inclut davantage une maîtrise des désirs qu'une privation de ces derniers. Ainsi, comme l'a écrit Nietzsche, *la joie se cultive par un travail sur soi.* Assurément.

8. Quel futur pour la sagesse ?

Il serait vaniteux de prétendre dresser une future cartographie d'une philosophie, d'un comportement orienté vers une quête de sérénité, qui pourrait être adoptée dans les prochaines décennies. Comment évaluer au mieux, avec pertinence, les analyses conceptuelles menées à partir de l'ensemble des questions (et des réponses) que l'humain risque de se poser sur lui-même, compte tenu des mutations extrêmment rapides qui se réalisent dans la société et dans la vie de chacun ? Pour mener à bien cette tâche d'exploration, il est plus que nécessaire de prendre en considération cette reconfiguration permanente de l'Existence, tant individuelle que collective, induite par la mondialisation et son cortège de mutations sociales, d'innovations incessantes. Nous pouvons dégager ainsi, avec modestie, quelques éléments de réflexion sur la sagesse, pour les années à venir.

Concernant les responsables politiques du futur, ils s'honoreraient en mettant davantage le bonheur des humains au cœur de la cité (et même de l'Ecole). Il s'agit bien là d'une décision à la fois politique et philosophique. Sur le plan personnel, chaque individu aura toujours la charge de se réapproprier son destin (pour rechercher un Mieux-être), car la voie suivie, au sein d'une société devenue puissamment mutante, lui fera connaître l'apaisement, le Bien-être mais inévitablement aussi la douleur, la souffrance. Une remise en cause des valeurs, des fondements, des croyances mais aussi des dualismes traditionnels - tels que matière/esprit, raison/passion, inné/acquis, personnel/universel..., hérités de la philosophie classique (Spinoza quant à lui combattait le dualisme de l'âme et du corps) - conduit l'Homme à se réinventer sans cesse, au sein d'un contexte de vie nécessitant une adaptation permanente, attitude à laquelle il était peu confronté auparavant. Ainsi, sur le plan des pratiques en lien avec la recherche de sagesse, il sera essentiel dans le futur de continuer à philosopher (à réfléchir comment augmenter son bonheur) afin d'actualiser des modalités qui permettront à l'âme d'exprimer réellement sa réelle individualité, de trouver la joie d'être soi, par un authentique travail de libération intérieure.

Tentons d'y voir clair cependant. Si l'on continue à mettre en lien sagesse et bonheur, sagesse et bien-être, alors bien naturellement la sagesse (et sa quête) resteront une notion d'actualité. Qui ne désire pas être heureux, apaisé, vivre dans une ambiance non-conflictuelle dès lors qu'il posssède, en son for intérieur, des qualités humaines indiscutables ? Pour certains Penseurs cependant, la sagesse (et ses pratiques) n'a jamais rendu quiconque heureux : certes, les personnes qui sont devenues référentes en matière d'amour de la sagesse, tels les philosophes de l'antiquité et même ceux des derniers siècles passés, ont développé des théories et des pratiques visant à porter un regard attentif sur la vie humaine, sur les souffrances et les manières de les apaiser ; tout ceci, dans le but de mieux vivre, d'accepter les vicissitudes de l'existence. Cependant, comme le proclame un chanteur actuel : *il est où le bonheur ? il est où ?*

Il ne s'agit pas de désespérer. Bien au contraire. Certes, les maîtres de sagesse sont moins présents de nos jours, surtout en Occident. Dès lors, si l'on souhaite préalablement s'informer sur les bienfaits d'une démarche de sagesse et de ses possibles versions, il est préférable de s'orienter vers des philosophies, vers des théoriciens (souvent ayant vécu bien avant l'époque actuelle) qui ont consacré leurs réflexions sur ce thème, jusqu'à les appliquer au sein de leur propre parcours existentiel. En Orient, un mode de vie incluant une éthique personnelle et permettant de se sentir *habité* par un bonheur inconditionnel ainsi que de se réjouir de la vie, fait davantage partie d'une expérience de vie qu'en Occident.

Qu'est-ce qui empêche le bonheur d'être ? Pourquoi un tel degré de lassitude au sein de notre société ? Même si les notions de contentement, d'exaltation restent subjectives, majoritairement on s'accorde sur certaines valeurs ou sensations qui pourraient les définir. Souvent, ces considérations sont en lien avec l'extérieur de soi et non pas avec sa propre puissance, sa propre énergie, ses propres fondements et/ou fondations. On désire du bonheur mais finalement à partir d'autres choses que de soi. Et pourtant, c'est bien en *se* considérant avant tout, que l'on pourra commencer à comprendre les notions de contentement (de la vie) et d'obstacles singuliers qui empêchent son accès et son parcours jusqu'à notre âme.

Certes, tous ne sont pas désireux de chercher en eux-mêmes là où se trouve le blocage qui retient la possibilté de devenir heureux. Chaque être est bien différent d'une part et par ailleurs il n'est pas toujours aisé, même avec la meilleure volonté et le plus grand des désirs, de lever ce frein existentiel. Il est parfois de nature très complexe et peut être la résultante d'une hérédité difficilement avouable ou même vivable/supportable. Il est souhaitable, dans tous les cas, de rechercher ce qui convient le mieux à l'âme pour qu'elle puisse vivre son essence.

Pour tous ceux qui le peuvent et qui le veulent, il s'agira, en cette période de vie bien différente des précédentes et pas si éloignées de l'actuelle, de se délivrer peu à peu de ces représentations qui parasitent l'accès à la joie, au bonheur simple. Il semble désormais nécessaire d'adopter des attitudes de vie qui délaissent la peur pour appréhender l'existence sans trop de maîtrise, sans trop de contrôle afin d'épouser ce qui arrive, sans nécessairement dramatiser tous les événements déstabilisants. Cette attitude de sagesse tendant à faire confiance au déroulement *parfait* (= qui est en adéquation avec qui nous sommes) de sa propre vie, est primordiale pour la libération d'états de Bien-être, de contentement.

Approcher, considérer un autre espace/temps autre que celui dans lequel on évolue, semble nécessaire. Malraux (ou une toute autre personne puisqu'il y a un doute sur l'origine) avait énoncé que le XXIe siècle serait spirituel ou ne serait pas. S'évader, enrichir son esprit par des découvertes culturelles, s'ouvrir à des dimensions spirituelles, supérieures inconnues bien au-delà de la pure existence matérialiste et en dehors de principes religieux (néanmoins, c'est à chacun de définir son besoin en la matière), ne peut qu'apaiser l'âme et par conséquent amener un souffle de sérénité dans l'existence.

Il sera sans doute profitable lors de ces décennies de réévaluer notre rapport au Désir, aux plaisirs, de manière à ce qu'ils ne viennent plus asservir la personne mais au contraire lui apporter des joies certes temporaires mais en lien avec son incarnation, avec sa vie terrestre. Il ne s'agit pas de vivre l'ascèse monastique pour la plupart (sauf si celle-ci vient apporter les bénéfices espérés) mais de devenir plus conscient du fait que les affects, que la condition passionnelle de l'homme, peuvent également nous éloigner de la notion de bonheur intérieur, de sérénité, de joie. La sagesse de demain sera encore plus en lien avec cet esprit de modération, de tempérance, avec une conscience plus accrue de la notion *profits/pertes* (dans tous les domaines).

Enfin, en développant davantage de sécurité intérieure donc d'autonomie, la personne pourra, selon ses possibilités, ne plus rester figée, emprisonnée dans sa propre cage alors que son désir est de découvrir un *ailleurs*. Une nouvelle approche de la sagesse – la conduisant vers sa nécessaire libération (de nombreux outils sont dorénavant à disposition, davantage qu'auparavant) mais également vers la compréhension de sa vie -, l'amènera (avec moins de réticences) à quitter un environnement connu, une *zone de confort* ; dans le but d'expérimenter réellement sa vie et non pas de rester, par insécurités, dans des attitudes (de vie) qui ne sont plus adaptées aux besoins de la personne.

Observer les signes du destin, s'écouter, développer une conscience et une liberté spirituelles permettront, avec sagesse, de vivre sa propre vie, de manière plus légère et plus heureuse, et non plus celle qui attriste constamment. La sagesse est exigeante, elle demande beaucoup d'efforts : mais au bout du compte, après avoir développé un mode de vie pleinement consenti, se dessinent un contentement et un enthousisame nouveaux qui viennent réveiller le corps et donc l'âme. Un détachement (envers les personnes et les objets) pourra naître de cette nouvelle conscience qui viendra dès lors sécuriser l'être et lui permettre de s'accomplir, sans s'agripper à un entourage, à un environnement dont il n'a plus *besoin* pour croître.

La sagesse consiste à vivre pleinement tout chose événement proposé et conçu par la Vie. Cette proposition est naturellement plus facile à prodiguer, à transmettre, qu'à appliquer dans un quotidien qui peut paraître difficile. Pourtant, cette acceptation reste l'une des clés, nous l'avons déjà énoncé. Une éthique développée constamment peut conduire vers ce qui est recherché. Pratiquer en toute (pleine) conscience des actions vertueuses devient une nécessité pour s'acheminer vers un état de sérénité ; pas seulement lorsque des événements déstabilisants viennent bousculer la personne. Poursuivre à chaque instant le voyage menant vers la sagesse peut se comparer à l'apprentissage d'un instrument de musique ou bien encore à la maîtrise souhaitée d'un art ou de l'écriture ; il permet au fil du temps l'appropriation d'un état de bien-être, de créativité, de légéreté.

Nos rythmes et nos conditions de vie ont fortement changé ; il faut en tenir compte et s'adapter à ce qui est ; une demande concernant une nouvelle approche d'un *désir de sagesse* paraît s'installer. La réflexion portant sur la connaissance de sa propre identité devient dès lors nécessaire ; elle s'accompagne d'une assuidité qui vient s'appliquer dans une exploration de domaines (qui sont de nature à éclairer et à diriger vers un mieux-être) variés tels que celui d'études spécifiques, de la poursuite et de l'ancrage d'un enthousiasme intérieur ou celui de la maîtrise des interactions avec Autrui. En effet, un tel comportement constant s'avère propice à développer (dans l'optique d'acquérir une sécurité individuelle, apaisante) l'accès à la joie intérieure ; cette auto-thérapie philosophique, conduite avec fermeté, rigueur et raison permet alors de retrouver la sagesse initiale. Il devient quasiment obligatoire de l'inscrire dans un nouveau mode de vie, afin de pouvoir s'adapter (comme cela a souvent été le cas par le passé), approcher l'état mental de flow et d'impermanence de la vie, *profiter* de ses soubresauts pour redéfinir notre penchant à vouloir vivre heureux.

Ainsi, vivre avec une certaine discipline spirituelle accompagnée d'assiduité permet de porter un regard différent sur les frustrations qui viennent encore démobiliser l'humain.

CONCLUSION

Une part importante de l'entrée en sagesse repose sur l'acceptation inconditionnelle de sa propre vie, de sa propre destinée. Cette prise de position n'est pas une des plus faciles à adopter. Les paramètres de notre vie sont posés : il nous faut d'abord les accepter puis agir, afin de leur donner la possibilité de croître, selon nos possibilités et nos motivations personnelles. Les notions d'être, d'exister, de déployer une humanité envers autrui se révèlent également importantes. Ainsi, dans la relation à l'autre, il faut être *exemplaire* : le respect, l'écoute, l'humilité sont des vertus qu'il est nécessaire de développer en conscience afin d'atteindre le but escompté, celui de devenir une personne plus sage ; pour soi, pour autrui. Un *certain* vécu semble nécessaire pour emprunter le Chemin, notamment si l'on souhaite devenir référent, modèle, aidant (au sein du vaste domaine du *Care*).

La sagesse en soi permet l'apaisement, le recentrage sur la vie présente. La solitude, l'accès aux connaissances permettent aussi de consolider notre socle, nos fondations. Face à l'accumulation de biens matériels, une forme personnelle de dépouillement contribue à un recentrage sur des aspects plus profonds de l'existence : ils intègrent des critères spirituels qui viennent alléger notre charge mentale. On le voit, la quête de sagesse implique et favorise le développement d'un état d'être. Elle agit comme un rééquilibrage de soi, de ses propres principes de vie ; dès lors, des valeurs quelque peu oubliées, redeviennent privilégiées.

La sagesse, c'est également l'accueil de moments d'incertitude, de flottement qui peuvent entrer dans notre vie, à tout instant ; son impermanence conduit à certains bouleversements difficilement acceptables. Et pourtant ! Une perte de repères, durement ressentie, masque la plupart du temps une signification plus subtile (et favorable) de ce qui se joue. Il faut parfois lâcher-prise, *savoir* lâcher-prise afin d'attendre un *alignement des planètes* plus favorable. Il s'agit de sagesse mais également de foi à développer. Il faut savoir accueillir l'ignorance avec confiance. Etre sage, c'est accorder une place aux imprévus de la vie, comme on laisse place aux petites joies existentielles ; c'est vivre de plus en plus en concience, en confiance et en présence. *La joie est présence,* a écrit le philosophe Nicolas Go. Pratiquer la joie, c'est agir, c'est éveiller en soi et au-delà de soi ce que l'on possède (déja) en puissance, en réserve, au fond de soi ; c'est donc une attitude à l'inverse de l'aliénation, de la victimisation, de la dépendance. Convertir ses passions en actions, le tout dans un contexte de lucidité - et alimenté par un travail intérieur personnel - permet de progresser sur le Chemin. Citons le philosophe à nouveau : *la pratique de la joie est susceptible d'ouvrir sur la réalisation de la sagesse.* N'arrêtons donc jamais ce début de quête amorcé ! La pratique de la philosophie et la quête de Soi doivent sans cesse se poursuivre ; il n'y a pas d'état de sagesse définitif : il faut faire le deuil d'une sagesse absolue, parvenue. Enfin, concluons partiellement avec cette phrase de Michel de Montaigne qui recentre le débat : *la vraie sagesse, ce n'est pas l'amour du bonheur, ce n'est pas l'amour de la sagesse, c'est l'amour de la vie.*

Lorsque le Chemin emprunté pour se diriger vers la sagesse n'est pas celui de l'ascétisme, du renoncement avec une discipline prononcée (que l'on retrouve dans le stoïcisme), il est tout à fait possible de s'orienter vers une toute autre voie qui a pour caractéristiques des qualités, des vertus différentes ; c'est bien cette voie différente que le philosophe Baruch Spinoza développa dans son œuvre principale, *l'Ethique* : il s'agit, nous l'avons vu, de la voie de la joie ; joie qui ainsi peut déboucher sur une joie parfaite, la béatitude - évoquée par le philosophe - tel le graal du Sage, dès lors que l'éveil de la conscience ne cesse de progresser .

Cette voie de la joie met en relief des comportements, des attitudes, des manières de vivre qui sont nourris par des valeurs humaines tendant à rendre l'homme libre, détaché, libéré de ses servitudes, tout en étant animé par un Désir sans cesse bien orienté. Cette voie de la joie croit davantage en la puissance du Désir (qui conduit donc à la joie) pour cheminer vers la sagesse qu'en la force de la volonté, faculté qui opère au sein d'une autre voie, celle qui valorise une intense discipline (pour la bonne cause cependant). Les philosophes Frédéric Lenoir, Nicolas Go et d'autres encore nomment cette voie, *la sagesse de joie* ; auparavant, Baruch Spinoza avait mis en avant une philosophie de la joie, celle donc qui lui a permis d'appréhender la vie avec davantage de sérénité.

Emprunter un Chemin nourri de joie(s) exige, comme d'ailleurs toute initiative, des efforts. La quête de sagesse (de sagesse de la joie) reste exigeante. S'approprier la joie invite à déclencher des actes spécifiques, des attitudes sages et éclairées qui permettent de la faire surgir, de la faire durer, dès lors que l'on a répertorié tout ce qui est susceptible d'en apporter. La quête de joie, de sagesse peut se voir comme le passage de l'asservissement (susceptible d'annoncer de la tristesse) à celui de la liberté.

Le parcours vers la sagesse peut donc se définir comme étant celui de la joie, des joies, associées à des actions individuelles rendant l'homme actif, pour se délivrer de ce qui le retenait par le passé. Ainsi que nous l'avons présenté, la joie se définit, se caractérise par le fait d'être l'objet d'actes ; actes qui permettent de *combattre* son opposé, la tristesse. Les vissicitudes, les aléas de nos vies sont générateurs de tristesse, de déconvenues : pour certains, ces derniers ne sont pas quantitativement plus importants que les joies ; néanmoins, ils se révèlent pour eux plus difficiles à gérer. Un travail de purification de soi devra être accompli.

La tristesse impacte fortement le psychisme d'une personne. Dès lors, pour contrecarrer cet état, il paraît nécessaire d'agir, en conscience, afin de rétablir l'affect perturbé. Un acte représente un effort, une attitude, un comportement. En ce sens, la joie rejoint la sagesse qui, elle aussi, est exigeante et demande des actions conscientisées afin de s'en approcher. Les fondements de la joie sont en soi, pas à l'extérieur de soi. Il s'agit d'en libérer l'accès. La joie est une réaction saine face à la tristesse qui tend à s'imposer naturellement. Elle est consciente, actée et s'inscrit dans un mode de vie sage, dans une démarche empreinte de sagesse, c'est-à-dire dans un désir de mieux-être, de mieux-vivre, de rupture avec des *servitudes* d'origine passionnelles ; elle s'enracine également dans une existence humaine qui privilégie les attitudes d'acceptation, de déploiement d'énergie dans le but de nourrir des actes vertueux.

La joie participe donc à la réalisation de la sagesse. En intervenant sur sa propre vie, sur sa condition unique, la personne agit, pose des actes de joie et de ce fait construit elle-même son rapport avec la tristesse - en s'en libérant - avec volonté, désir, courage et conscience. Elle crée sa propre démarche de vie, en laissant cette fois des liens de dépendances aliénants et/ou des servitudes. Une transmutation progressive s'opère en soi, avec la joie. On en vient à s'attribuer - suite à une introspection poussée - des récompenses, en lien avec un nécessaire repérage des *Choses* qui procurent de la joie.

Il y a une dimension éthique de la joie ; elle se définit alors comme un mode de vie qui enchante la personne. Par ailleurs, *elle assume la finitude, la barbarie et le mal et se dresse devant les déchaînements de la violence comme une puissance silencieuse. C'est en cela qu'elle est liberté et sagesse. Et source de création,* nous confie Nicolas Go.

Certes, la joie participe à la sagesse, mais elle est avant tout un sentier de sagesse sur lequel l'homme vient s'aventurer, individuellement. Cependant, elle est aussi destinée à être partagée, en toute humilité et avec bienveillance. Il est tout à fait possible de trouver - initialement - la joie intérieure dans le fait de participer à sa propre fondation, de redonner la liberté à son âme (afin qu'elle puisse s'affirmer de manière authentique), de construire une rectitude personnelle sur laquelle reposera un bien-être. Le passage de la passion à la raison, des servitudes sclérosantes à la mise en place d'attitudes vertueuses pour soi-même (et non pas en lien avec une morale quelconque) n'est possible que si l'on se définit personnellement une éthique.

L'objectif essentiel reste bien entendu toujours un apaisement de l'âme, le bonheur, une jouissance de l'être, accouplée à une délivrance, à une libération de soi ; il est nécessaire de se réjouir du trajet accompli au cœur de ce parcours qui mène à l'objectif visé ; il est utile d'en prendre conscience. Il est peut-être nécessaire de rappeler que la quête n'est possible qu'à partir de la poursuite d'un parfait examen de notre personnalité (via l'introspection), de nos fonctionnements corporels, émotionnels.... Cette phase de connaissance de soi, de constat, de bilan (en matière de dépendance, d'autonomie, de sécurité et de liberté intérieures etc.) s'avère très utile pour se projeter ensuite vers une amélioration de sa propre existence, de sa définition personnelle du bonheur que l'on souhaite vivre. Pour être heureux, il semble nécessaire de travailler d'abord sur soi plutôt que de tout miser sur une croyance extérieure ou sur un éventuel sauveur. La sagesse ne fait pas de vaines promesses : elle propose un cheminement, elle décrit des attitudes et des pratiques. Elle ne garantit pas le bonheur ; elle affirme juste que c'est en nous-mêmes que nous pouvons le chercher, le trouver. La sagesse met la question du bonheur entre les mains de chacun ; c'est en cela qu'elle redevient moderne, actuelle, du fait des conditions de vie très exigeantes que nous devons régir.

Pour conclure, utilisons les commentaires d'André Comte-Sponville qui manie à merveille la polémique, le sarcasme, la réflexion : *la sagesse n'existe pas. Il n'y a que des sages et ils sont tous différents, et aucun d'entre eux ne croit à la sagesse. La sagesse n'est qu'un idéal, et aucun idéal n'existe. Ce n'est qu'un mot, et aucun mot ne contient le réel. Ne faites pas de la sagesse un objet d'espérance. Si tu veux avancer, disaient les Stoïciens, tu dois savoir où tu vas. Oui. Mais l'important est d'avancer. La sagesse n'est qu'un horizon que nous n'atteindrons jamais absolument, et qui nous contient pourtant : nous avons nos moments de sagesse comme nous avons nos moments de folie. Le bonheur n'est pas un absolu, c'est un processus, un mouvement, un équilibre mais instable (on est plus ou moins heureux), une victoire mais toujours fragile, toujours à défendre, toujours à continuer ou à recommencer. Ne rêvons pas à la sagesse ! Il s'agit d'espérer un peu moins et d'agir un peu plus ; et sur le plan affectif ou spirtuel, il s'agit d'espérer un peu moins et d'aimer un peu plus* (Extrait de l'ouvrage *Le bonheur désespérément* paru en 2000).

EPILOGUE

Une nouvelle sagesse reste à approcher, à définir ; pas contre les philosophies anciennes, mais au-delà d'elles. Comme un nouveau *vivre soi-même*, loin des ivresses artificielles d'un monde consumériste, superficiel. Comme une façon d'exister qui ne hait rien mais qui se détache de tout. Une sagesse constituée de l'apprentissage d'une liberté vraie, loin des servitudes extérieures et intérieures, d'une foi pure, éloignée de toute forme d'idolâtrie, de dogmatisme.

Cette nouvelle pratique de vie doit inclure davantage l'effacement, la diminution de l'ego qui reste parfois trop dominateur pour laisser place, au cœur de l'individu lui-même et autour de lui, à la vie sous toutes ses formes. Cette nouvelle forme de sagesse n'est nulle part écrite. Elle est à saisir : à partir d'un lâcher-prise, d'un vécu de l'*ici et maintenant*, devenu plus que nécessaire face aux incertitudes toujours plus grandes en ce qui concerne l'avenir de l'humanité. Une voie médiane, *la voie du milieu,* inspirée des sagesses asiatiques, demande à être plus largement explorée dans les consciences individuelles pour tenter de trouver davantage de sérénité dans notre parcours de vie. La sagesse et sa quête prendront assurément une toute autre forme, dans les années à venir.

Le *développement personnel* s'invite de plus en plus dans l'espace public et dans le domaine privé grâce aux divers moyens d'information et de formation. Une priorité donnée au bonheur et à sa quête réfléchie concerne désormais de plus en plus de personnes ; elles sont ou seront amenées à revoir tous les éléments qui constituent leur vie, à y apporter des correctifs afin que d'autres valeurs émergent de leur personnalité. Les possessions, les modes d'existence personnels, les engagements seront notamment concernés lors des périodes d'ajustement.

Ce nouvel état, cette nouvelle quête de sagesse adaptée à l'époque impliquera des attitudes de modération, de tempérance au coeur de la vie quotidienne mais également des comportements empreints d'une certaine dose d'*audace*, dans le but d'extérioriser ses propres potentialités réelles (afin de devenir moins dépendant), de trouver sa vraie place, de se réaliser réellement. Des circonstances extérieures amèneront des prises de conscience intérieures, sans doute de plus en plus précoces, au sein du parcours de chaque humain. Une nouvelle attitude individuelle, singulière, mettant en valeur - à travers des actes audacieux - les potentiels de la personne, viendra la responsabiliser et développer en elle une autre manière de se percevoir et d'exister, une conception différente de sa propre vie, de celle des autres et de l'idée qu'elle se fait du bonheur. L'émergence d'un niveau de souffrance, de tristesse, de tourment oblige à revoir tous les paramètres de sa vie. Il n'est pas nécessaire d'en prolonger la période. Par contre, pour envisager de la comprendre et de la gérer, une aide sera sans doute nécessaire. On ne peut mettre en place une attitude sage de compréhension puis une phase dédiée aux actions audacieuses (l'audace d'être soi dans un premier temps) sans un éclairage extérieur qui clarifiera la situation vécue.

La sagesse intègre l'idée de prendre soin de soi, de prendre en considération tous les éléments hors de soi qui viennent interagir avec sa propre vie. Une mise en cohérence s'en suivra dès lors. Aucun voilier ne peut naviguer librement sur la mer sans avoir préalablement accepté de se soumettre aux lois de la nature (vents, vagues, courants...). L'homme est totalement partie prenante d'une dynamique universelle, d'une logique cosmique dont il n'est qu'une infime manifestation et il ne peut trouver la paix et la joie qu'en assumant pleinement cette appartenance. Acceptation, soumission partielle, permettent paradoxalement à la personne d'avancer sur son chemin nourri de liberté (il s'agit donc de la trouver, à l'intérieur des limites imposées).

La sagesse est mise à l'épreuve du temps. Elle évolue, tout comme ces autres notions essentielles qui viennent participer au bon fonctionnement de notre existence. Sa nature se complexifie et en même temps s'allège. Sa quête actuelle s'accomplit d'une manière différente à celle qui était entreprise durant les siècles passés. De quoi l'Homme sage doit-il se munir ?

Nous pouvons envisager certains couples de valeurs (sans toutefois vouloir augmenter une biopolarité qui pourrait cataloguer, diviser) qui pourraient éclairer certains aspects reconsidérés du parcours de vie d'une personne, dans le but de cheminer différemment :

-engagement/détachement
-lucidité/lâcher-prise
-individuali(té/sme)/citoyennété
-solitude-repli/partage
-introspection/découverte du monde
-acceptation-renoncement/action
-vertus/imperfections
-pondération/espiéglerie
-joie/chagrin de l'âme
-stoïcisme /hédonisme
-discipliné/rebelle

-destin/destinée, etc.

A propos de ce dernier couple, le grammairien Aulu Gelle (IIe siècle ap. J.-C.), juge et auteur de nombreux essais, donnait cette définition du destin : *il est un certain ordre naturel de la totalité des choses impliquées, et entraînées de toute éternité par d'autres, et dont la trame ne peut être rompue.*

Tous ces binômes énoncés précédemment, composés de valeurs mais également d'attitudes, constituent la nouvelle perspective psychologique humaine. A l'image du yin et du yang (ces deux principes à la fois contraires et complémentaires qui viennent symboliser la notion d'équilibre) habitant la philosophie chinoise, la sagesse, ainsi constituée par deux polarités (figurant dans les couples de valeurs référencés plus haut) offre l'avantage de pouvoir s'installer dans des situations propres à nos civilisations actuelles. L'équilibre, au coeur de l'impermanence, pourrait en être la devise.

Il ne s'agit pas de fuir les tourments du monde mais plutôt d'introduire et d'intégrer, dans le mode de vie choisi, des aspects en lien direct avec une authentique humanité. Se rapprocher de l'idée d'une sagesse adossée à la joie, c'est assumer la réalité avec sa finitude, ses maux, couplée à une perfection dont l'homme est capable. Loin de toute lamentation impuissante, il paraît nécessaire de développer en soi une certaine forme d'exigence qui délivre et apaise et qui permet de développer une attitude propice à l'émotion, à la découverte puis à l'appréciation d'une beauté cachée - sous ce qui peut paraître au premier abord - banal et sans signification. Cette manière d'être doit s'appuyer sur une notion essentielle pour l'équilibre de l'âme humaine : celle de la joie ; *elle est au désir ce que la vérité est à la raison*, précise un philosophe contemporain ; elle passe par l'ouverture, aussi simple soit-elle : telle une fenêtre permettant le clin d'oeil complice du soleil.

La sagesse est (sera) nécessaire *parce que nous ne sommes pas heureux*, a écrit André Comte Sponville dans l'un de ses ouvrages Le Bonheur désespérément [20]. Il poursuit ainsi, au sujet du bonheur, de la mort et de la sagesse : *cela rejoint une formule de Camus : Les hommes meurent et ils ne sont pas heureux. Ainsi, la sagesse est nécessaire à double titre, parce que nous ne sommes pas heureux et que d'autre part, nous mourons un jour ou l'autre. Etre à la fois mortel et malheureux, ou se savoir mortel sans se juger heureux, c'est une raison forte pour essayer de s'en sortir, de philosopher pour de bon, comme dirait Epicure, bref pour essayer de devenir un peu plus sage.* Notre but existentiel, c'est bien de développer une sagesse qui soit la poursuite d'un véritable accomplissement de soi, d'un déploiement maîtrisé du Désir (*c'est l'essence même de l'homme*, a écrit Spinoza dans *l'Ethique*) menant à la joie (par l'intermédiaire d'actions entreprises) ; mais qui soit également (en complément et/ou en opposition) la poursuite d'une connaissance et du respect des enjeux sociétaux, l'engagement au sein de la Cité, en oeuvrant avec détachement et lucidité, en participant avec autrui à une transmutation de la souffrance (la *Dukkha* chez les Bouddhistes ; ce mot a également d'autres significations telles que l'impermanence, le vide, le conflit) en sérénité, en bénédictions, (au delà des cercles religieux) quel que soit le cadre d'intervention. Il s'agit ainsi d'un programme qui se veut devenir le but d'une vie, pour délivrer l'âme d'un contexte de souffrances, d'enfermement, de restrictions. Une attitude juste, consciente et lucide paraît nécessaire pour établir une sagesse de vie.

La sagesse n'est pas un idéal de plus, encore moins une religion. La sagesse, c'est cette vie-ci, telle qu'elle est, vécue en réalité, en vérité. Bien sûr, il n'y a pas de vérité absolue ou alors, nous n'y avons pas accès : on n'est jamais totalement dans le vrai, comme on n'est jamais totalement dans l'erreur. *La sagesse, c'est le maximum de bonheur dans le maximum de lucidité. Tant que vous faites une différence entre la sagesse et votre vie telle qu'elle est, vous êtes séparés de la sagesse par l'espérance que vous en avez. Cessez d'y croire, c'est une façon de vous en approcher*, précise à nouveau le philosophe André Comte-Sponville.

On se rapproche de la sagesse chaque fois que nous sommes un peu plus lucide en étant un peu plus heureux ; et à chaque fois qu'on est un peu plus heureux en étant un peu plus lucide. Lucidité, désillusion, connaissance sont les éléments de notre chemin d'éveil, celui qui doit nous rendre moins dépendants... de l'espoir (le futur !) et davantage ancré dans la sérénité de l'instant, dans l'absence de peurs régulières, de craintes souvent infondées. *Seul est heureux celui qui a perdu tout espoir, car l'espoir est la plus grande torture qui soit, et la perte d'espoir (non de l'espérance !) conduit au bonheur* ; cette citation provient du *Mahâbbârata*, livre sacré de la spiritualité indienne. Espérer, c'est désirer sans savoir, sans pouvoir, sans agir. On retrouve cette sublime idée dans *le Journal* de Jules Renard, rédigé en 1895. Il est écrit notament : *je ne désire rien du passé. Je ne compte plus sur l'avenir. Le présent me suffit. Je suis un homme heureux car j'ai renoncé au bonheur. Sans être malheureux.* Souvenons nous de l'origine de la quête qui nous anime : la souffrance, la tristesse, le désir d'accéder à une autre forme de ressenti. Tout ce qui vient transmuter cette douleur, tout ce qui crée de l'apaisement, de la plénitude intérieure, du détachement, de la libération et de l'autonomie envers toute forme de servitude morale (et physique) vient s'affirmer comme étant les prémices d'un état de sagesse, même si celui-ci reste toujours à consolider.

La quête de la sagesse reste-t-elle un objectif toujours envisageable au XXIe siècle ? Vouloir développer un mode de vie qui intégre des comportements conscients, en lien avec une démarche de sagesse, permet de bénéficier d'une existence plus apaisée, plus sereine, plus en adéquation avec notre essence, notre âme. Plusieurs formes traditionnelles de quête de sagesse s'offrent alors à nous, citoyens du XXIe siècle : l'ascétisme, le renoncement aux plaisirs et aux passions peuvent ainsi nous diriger vers une voie qui accorde une priorité à d'autres sources de contentement qui enrichissent la personne. Mais il y a aussi la sagesse impliquant le détachement : ici, on ne repousse pas les sollicitations de la vie, on les accueille avec lucidité, avec conscience, avec une acceptation inconditionnelle. Quant aux désirs, ceux qui révèlent notre essence et qui donnent une puissance à notre individuation, il s'agit de les orienter favorablement, en conscience, afin de rester dans ce mode de vie souhaité. Accepter les variations de la vie, de nos humeurs etc., s'adapter et accepter ce qui est, fait partie intégrante de ce mode de vie que nous souhaitons adopter. On rejoint la pensée des philosophes évoqués tout au long de cet ouvrage. Ainsi, il s'agit toujours et encore de faire entrer la joie d'exister, par nos actions conscientes, dans notre vie, et non pas de dépendre de l'extérieur de soi pour savourer ces moments joyeux. C'est sûrement sur cette notion d'autonomie, de délivrance de soi, de naissance d'une singularité - sans revivre la notion de rejet - qu'il faudra sans cesse se pencher.

La prochaine étape philosophique de l'homme du XXIe siècle repose sur la tolérance et le respect au sein de la cité certes mais aussi sur sa propre indépendance, sur la *délivrance* d'une aliénation qui dénature la profondeur de son Soi. Quant à la joie, cette énergie essentielle qu'il convient de solliciter et d'intégrer pour (mieux) vivre, elle est donc, avant tout, intérieure et reste le fruit de travail intérieur personnel ; la tristesse (établie à partir d'attentes non satisfaites), quant à elle, surgit souvent à partir d'éléments en provenance de l'extérieur, envers lesquels l'Homme continue de porter un attachement excessif.

Sachons donc, en exerçant notre liberté, notre autonomie, produire des états de joie, par *nos* actes, nos attitudes, nos rencontres. Ces états viendront construire par la suite, les bases d'une nouvelle personne, celle que nous souhaitons, au plus profond de nous-mêmes, devenir. Ils viendront également s'associer à des moments de plaisir, plus fugaces mais tout aussi nécessaires pour notre équilibre psychique.

Doit-on encore penser et agir essentiellement avec la raison ? Doit-elle gouverner notre psyché, nos désirs, notre âme, dans le but de nous rapprocher de la tranquillité, de la sérénité intérieure, de la joie, du bonheur ? La quête philosophique de la sagesse, envisagée lors des siècles précédents, possède-t-elle la consistance adéquate pour pouvoir répondre aux besoins d'une personne ancrée dans ce XXIe siècle ?

Nous vivons dans un monde où la matérialité s'impose davantage qu'auparavant. Le repères, les appuis spirituels s'amenuisent et l'individu se retrouve davantage confronté à lui-même, au sein de sa propre démarche personnelle visant à repérer le sens de sa propre vie (s'il s'oriente toutefois vers cette option). La quête de sagesse (qui, faut-il le rappeler repose sur notre aptitude et notre désir à développer une éthique totalement personnalisée) aujourd'hui semble être moins axée sur les notions de prudence, de raison et de modération pour se diriger vers l'audace, la détermination : et tout particulièrement, vers cette audace de devenir Soi, de s'affranchir de tout ce qui ne doit plus être retenu.

Les mutations socio-politico-économiques permanentes face auxquelles nous devons sans cesse nous adapter, les turbulences importantes auxquelles nous sommes et serons soumis obligent à *prendre soin de Soi,* de manière plus affirmée peut-être qu'auparavant. Accéder à la sagesse peut s'assimiler à une sorte d'itinéraire conduisant à opérer une transcendance (correspondant selon Sartre à un acte de dépassement par lequel la conscience nie ce qu'elle est pour se définir par son avenir) de soi, de sa vie, devenue étroite, trop étriquée, avec des potentialités endormies qui ne demandent pourtant qu'à émerger. La quête de sagesse du XXIe siècle s'apparente à une véritable purification menée par une conscience accrue de son Essence, dès le plus jeune âge. La sagesse, contenue dans l'enfant qui croît, peut devenir le point de départ, grâce à l'éducation (au sens large du terme) d'un mode de fonctionnement, d'un état d'être plus en phase avec l'idée de bien-être. Sans doute ne faudra-t-il plus attendre d'être trop bousculé par les aléas de la vie d'adulte pour engager en amont cette purification nécessaire, ce travail personnel d'autonomie qui semble manquer lors de l'entrée dans *l'âge adulte*. Des attitudes de prévention, de sensibilisation, d'éducation positive pourraient ainsi permettre à l'âme de s'offrir la liberté d'être, d'exister mais surtout de croître, sans conditions.

Le sage d'autrefois était un héros, un héraut, d'une certaine philosophie morale. La sagesse d'aujourd'hui et plus encore celle de demain ne peuvent plus être définies comme une éthique à portée universelle. Elles devront davantage encore s'affirmer en tant que chemin individuel, délaissant les servitudes pour la liberté, la tristesse pour la joie, les joies. Car le bonheur n'existe que sur la base d'une liberté individuelle conquise pas à pas auprès de notre structure originelle et surtout de notre éducation. Il implique une joie qui est de l'ordre de l'esprit et il s'assimile à une jouissance de l'existence et de l'être ; ainsi, ce bonheur devient synonyme de félicité et de *béatitude* - terme réinterprété par Spinoza -, avec un sens existentiel et non religieux.

Le but ultime d'une quête ou d'une éthique de la sagesse reste(ra) l'accès à la jouissance d'être, à la jouissance personnelle du fait même d'exister et de vivre par soi-même dans la joie, en relation avec autrui. Ainsi que l'écrit Robert Misrahi, *l'éthique est toujours à la recherche d'une vie heureuse et comblée, atteinte par la réflexion et la transmutation du Désir*. Cependant, les attitudes qu'elle - l'éthique - exige peuvent se révéler incompatibles avec la turbulence du monde réel. Ainsi, une nouvelle forme de sagesse conduit à définir de nouveaux paradigmes alignés sur les énergies propres à la société actuelle. Sa nature est bien plus qu'une détention de *vérités* sages. Elle doit certainement devenir une pratique de *sagesse de vie* : d'une sagesse stoïcienne ou épicurienne, on devra s'acheminer vers une sagesse taoïste ou relevant d'une philosophie zen. Les philosophies asiatiques ont sûrement beaucoup à apporter à l'être humain occidental, à la recherche de sagesse. Spinoza, sans les connaître, avait déjà intégré dans sa démarche vertueuse des éléments en lien avec ces pratiques visant à se libérer d'un esclavage intérieur.

Les sagesses asiatiques sont à différencier : certaines sont de nature religieuse, comme entre autres le shintoïsme japonais ; d'autres de nature philosophique, centrées sur le développement de soi, sur une démarche spirituelle, comme le bouddhisme par exemple. Ce dernier s'assimile à une sagesse du fait qu'il revoie à l'idée d'une quête de libération intérieure afin de se rapprocher de la notion de bonheur. Le confucianisme, le taoïsme, l'indouisme proposent des règles qui constituent des cadres de vie pouvant permettre l'apaisement de l'esprit, de l'âme et ainsi se rapprocher des contenus philosophiques élaborés par les sages des périodes passées. Ces sagesses asiatiques sont fondées sur l'expérience, sur l'ancrage permanent, sur des pratiques corporelles et spirituelles qui ont fait leurs preuves et sont issues d'une lignée. Beaucoup d'auteurs français - les écrivains voyageurs - sont allés chercher en elles ce qu'ils n'avaient pas trouvé dans les philosophies occidentales : ainsi, Nicolas Bouvier, Alexandra David-Neel, Paul Morand, Arnaud Desjardins, Alphonse de Lamartine, Gérard de Nerval, Pierre Loti, Romain Rolland, Rolland Dorgelès, Joseph Kessel et tant d'autres ont voulu explorer d'autres univers au contact desquels la conscience semble s'élargir. Il ne s'agit pas d'idéaliser totalement toutes ces formes et ces pratiques, mais bien d'accomplir sa propre quête personnelle, en toute conscience, en s'imprégnant de points de vue philosophiques orientaux ; ceux-ci peuvent permettre d'atteindre le but recherché, de cheminer sainement (et pas nécessairement vers une dissolution totale du Moi). L'apprenti- philosophe se veut être raisonnable, sage et éclairé ; les cultures occidentales ne négligent plus l'accomplissement de soi. Elles font partie de notre constitution, de notre construction, dès lors que nous avons été en contact avec elles dès le plus jeune âge. Il est indispensable d'intégrer leurs valeurs les plus saines, dans les domaines qui nous préoccupent, afin d'en adjoindre d'autres par la suite, en provenance peut-être d'un monde différent de celui de nos origines.

L'amour de la sagesse (la philosophie) n'est-il pas le début d'un itinéraire conduisant précisément à la sagesse ? Renouer au XXIe siècle avec elle, se diriger vers une sagesse moderne (car la sagesse des Anciens n'est pas la nôtre ; les sociétés ont énormément subi de mutations) est une obligation, une nécessité pour qui désire réellement une vie plus satisfaisante, plus épanouie, plus heureuse. Mais quelle en est sa nature, vis à vis des croyances religieuses et envers les principes moraux qui tendent à diminuer la puissance, le pouvoir personnel de l'individu ?

Il nous faut parvenir à définir cette sagesse contemporaine avant de pouvoir inclure dans notre vie quotidienne, des attitudes, des actes qui nous permettront d'approcher la sérénité. Ce sera notre propre *Ethique*. Faire de la sagesse un savoir-être, un savoir-vivre, une puissance vitale qu'il faudra nécessairement développer et entretenir tout comme sa propre hygiène de vie sera l'un des enjeux (au cœur desquels nos vies, nos valeurs, nos certitudes seront sans cesse remises en question) de notre équilibre psychophysiologique, durant les années à venir. Ainsi, il serait temps d'aborder ce thème de l'adaptation lors de la formation des jeunes générations et d'éveiller l'aptitude à prendre du recul (devenu plus que jamais nécessaire) face à ce qui est proposé (le plus souvent, dans un but de consommation) et qui trop souvent vient détourner leur attention, délaissant ainsi des objectifs nobles, en lien avec le bien-être spirituel, le devenir-soi et une attitude responsable au cœur de la cité.

Adopter sans tergiverser la raison et la vérité comme deux notions de base venant définir un mode de vie réfléchi peut permettre à l'humain de retrouver ce qu'il souhaite le plus connaître : le bonheur, la joie, la sérénité ; pour lui mais aussi pour les autres. Cette capacité d'universalisme, il la possède déjà en lui. Tout est dans une conscience à développer pour restaurer une humanité unique.

Par ailleurs, produire, créer, faire, générer sont des actions qui caractérisent l'humain ; qu'elles puissent s'affirmer au maximum pour faire naître puis alimenter, avec volonté et conscience, notre essence singulière, en lien avec la *créativité* qu'il est essentiel d'activer pour vivre, pour exister ; en complément de celle qui est déployée lors de la réalisation de créations artistiques qui engendrent nécessairement de la joie, comme le précise le philosophe Henri Bergson, dans son ouvrage *L'énergie spirituelle*, paru en 1919.

Enfin, inclure de l'humour dans son propre parcours de vie regroupant des phases souvent incomprises, sera faire preuve de sagesse. Vivre la philosophie au quotidien, au sein de sa propre vie, peut ainsi se décliner d'une manière plurielle. L'essentiel est de conduire son existence avec le désir de se rapprocher d'un état d'être, celui du bonheur ; une conduite, habitée par une conscience suffisament aiguisée pour mettre en place des attitudes comportementales, viendra favoriser ce désir.

.

ABECEDAIRE

En complément du contenu de cet ouvrage, il paraît utile de proposer un abécédaire regroupant quelques termes (dix-huit) importants en lien avec la quête de sagesse. Ils sont comme une extension au sein de la notion qu'ils représentent. Ces termes ont été retenus de manière totalement aléatoires ou arbitraires. Ils sont présents pour approfondir une notion, un élément déjà évoqués dans l'ouvrage. Ils ont un lien essentiel avec la quête de sagesse, avec le désir de s'approcher de la sérénité. Le lecteur aura un plaisir certain à prolonger (d'une manière personnelle qu'il choisira lui-même) cette première approche de dix-huit concepts ; s'approprier au mieux ces notions reste essentiel pour qui souhaite instaurer une dynamique de résilience, d'éveil au cœur de sa vie.

A comme Amour

Sans doute n'y a-t-il pas de hasard si le premier mot qui compose cet abécédaire reste le plus difficile, le plus délicat et le plus intéressant à définir ; il y a cependant une nécessité de l'explorer, dans ses acceptions les plus actuelles, les plus admises.

Pour beaucoup, ce mot reste immédiatement associé à l'idée d'un sexualité comblée. Dans de nombreuses langues étrangères, on n'utilise pas l'expression courante *faire l'amour/make love :* on dissocie le pôle affectif, sentimental du pôle sensuel, sexuel. Ainsi, on évoque des intentions dans ce domaine, chez nos voisins étrangers, par l'expression *faire du sexe.*

Comment parvenir à *définir* l'amour (car le terme est polysémique), compte tenu des définitions normatives issues des dictionnaires et des notions souvent évoquées par les Anciens - écrivains et philosophes de l'antiquité (pour eux, l'amour se définit à partir de trois mots grecs : éros, philia et agapè) ? Trois pôles dans un même champ lexical.

Quelle est la place du désir, celle de l'histoire personnelle de l'individu, de la propre faculté à s'aimer soi-même, des notions d'autonomie, de respect, de tendresse, de sexualité, des forces *surnaturelles* (qui permettent un rapprochement des corps, des âmes, dans un but d'évolution personnelle précis), des sentiments plus ou moins dépendants d'autre facteurs... ? Autant de questions qui demandent des éléments de réponse afin de mieux comprendre cette inclination.

Il ne fait aucun doute que la conception et les représentations de l'amour restent très différentes selon les croyances (philosophiques, religieuses, spirituelles...) de la personne. Le rapport au destin, à l'acceptation des douleurs, des souffrances, des épreuves et des choses que l'on ne peut guère changer, reste personnel et rejaillit sur la manière de concevoir l'amour. Pour la personne croyante, il semblerait que l'approche du concept soit plus vaste - avec une apport d'inconditionnalité - que pour celui qui se réfère à une vie quotidienne sans lien avec une transcendance, sans apport spirituel.

Souvent, ce que l'on nomme le *sentiment amoureux* entre deux êtres, vient s'installer à partir d'une attirance physique et/ou d'une sensation de bien-être ressenties en compagnie de l'autre. Le désir fait partie de nos vies, il reste même la principale force/puissance (au sens large du terme) ou pulsion qui anime l'individu. Sans lui, nous resterions en situation végétative. Il nous propulse - avec des intensités variables - vers ce qui construit notre parcours de vie, au sein d'une société plus ou moins vaste, selon le rapport au monde établi par la personne. Par principe, un désir transformé en plaisir assouvi (consommé) a tendance à prendre une autre consistance. Il s'étiole même souvent avec la durée. Surtout s'il reste basé sur la matière, par opposition au spirituel.

La rencontre amoureuse va révéler au fil du temps les blessures spirituelles des personnes engagées. Les attitudes, les ressentis, les réactions sont autant d'éléments spécifiques qui viennent dévoiler l'ADN de l'individu. Ainsi l'amour ou plus précisément le bien-être sensuel, affectif peut dès lors changer dans sa forme (et dans son contenu), suite à des incompréhensions, à diverses intolérances ou à des malentendus. Car l'insécurité peut soudain rejaillir, être ravivée par tel ou tel comportement de la part du partenaire. Pour que le sentiment amoureux persiste même en présence de ces moments dysharmonieux, il faut que les protagonistes aient suffisamment d'informations sur ce qui se *joue* présentement, au sein de leur union. Cette prise de conscience est souvent le résultat d'un travail sur soi, en amont. Pour développer de l'amour envers l'autre, - passés les premiers instants d'excitation -, il paraît nécessaire, outre de se connaître déjà soi-même (avant de rencontrer l'autre) mais aussi de constater s'il y a des possibilités réelles (ou des compatibilités) de maintenir et de conserver des attitudes respectueuses, même lors de différends affichés ; respect qui se veut être en lien avec ses propres sentiments, ressentis, intuitions.

L'attachement, dans le sens de possession, de possessivité envers l'autre n'est pas un signe d'amour mais d'insécurité intérieure, personnelle. Cet état peut ainsi conduire la personne à imaginer qu'elle éprouve un sentiment amoureux fort envers un partenaire alors qu'en fait, c'est bien souvent une peur de se retrouver seul(e) qui prime inconsciemment et qui maintient une relation dans une durée irrationnelle alors que le lien s'est dégradé ; en cause, le sentiment ou la blessure d'abandon. Dans ce cas, l'amour vrai, authentique, inconditionnel n'existe pas totalement ; il est basé sur une dépendance. Il faut noter que cependant, on peut être *attaché* (par le cœur) à une personne... *sans attachement* (possession ou dépendance).

Spinoza décrit de manière juste l'amour qui est *une joie liée à l'idée d'une cause extérieure* : la joie ne vient pas de la cause (= la personne qu'on aime) mais *de l'idée* qu'on en a. Cette idée peut être vraie ou être fausse, ce qui génère une joie active, si on aime la personne pour ce qu'elle est réellement et une joie passive, si *on projette sur elle toutes nos attentes, nos besoins infantiles, non résolus ; ce qui est fréquent dans la passion amoureuse*, précise Frédéric Lenoir.

Le couple est-il la structure unique pour que l'individu ou plutôt la personne (l'individu devient une personne lorsqu'il a dépassé son égocentrisme et qu'il est capable d'assumer *en adulte* ses relations) s'accomplisse totalement ? La solitude (momentanée) est-elle un état qu'il faut absolument fuir afin de ne pas souffrir ? Quelle est la nature intrinsèque de l'amour humain ? Ses composantes s'enracinent-elles sur quelque chose de supérieur, de plus abstrait, au sein de l'univers ?

L'usage unique d'un seul mot (amour) pour définir une multiplicité de situations affectives différentes peut devenir source de multiples confusions, de nombreuses illusions parfois même, comme l'indique André Comte Sponville. L'amour est charnel mais également spirituel mais peut être aussi platonique, religieux etc. Il est dans son acception la plus commune le lien noble qui existe entre les individus, entre deux personnes au sein d'un couple. La puissance de son ressenti peut déboucher sur un désir de procréer un autre être, qui viendrait concrétiser, l'union de deux corps sexués mais également de deux âmes. La nature, l'univers, la Puissance supérieure, Dieu ou toute autre dénomination souhaitée selon les croyances, a prévu initialement cet acte de création. Il est indéniable de constater que les enveloppes corporelles sont pleinement adaptées à cette destinée, alors que l'on s'interrogera toujours sur l'origine de nos existences terrestres. Par ailleurs, on ne peut nier l'existence de sentiments amoureux entre deux personnes du même genre.

L'essence même de la condition humaine aboutit à une impression d'incomplétude, d'imperfection, de mécontentement. A partir de cette condition, les Hommes ont toujours été poussés à agir pour combler leurs frustrations et pour satisfaire leurs demandes ou rassurer leurs peurs.

On peut supposer que les personnes incluant dans leur vie quotidienne des pratiques en lien avec des croyances religieuses et/ou spirituelles n'ont pas exactement les mêmes ressentis et définitions de l'amour et de ses constituants que toutes les autres. Il n'y a pas lieu de porter un jugement ici et nous en resterons à l'évocation seule de ce constat. Cependant, l'amour, c'est l'amour. Il n'y a pas lieu de distinguer l'amour chrétien de l'amour bouddhiste ou même de l'amour soufi. Ni d'ailleurs de l'amour sans croyance spécifique.

Tendre vers un amour pour soi, offrir de l'amour à l'autre, aux autres sont des situations qui viennent *délivrer* la personne puisqu'elle vient respecter ce pourquoi elle existe. Les différents types d'amour, pour être authentiques, se basent sur le respect, l'entraide, l'affection, le regard bienveillant, l'écoute, l'autonomie... La notion d'amour est très vaste ; elle peut être encore explorée après ce court paragraphe qui lui a été consacré.

B comme Bonheur

La notion de bonheur a traversé toute la pensée occidentale depuis Socrate, tout en ne cessant d'évoluer au fil du temps. Le bonheur, dans le sens courant, est un état de satisfaction relativement intense, durable qui se distingue totalement du plaisir qui, lui, reste souvent bref, partiel, discontinu. En le rapprochant d'un univers bien différent (celui de la linguistique) qui intègre des notions de durée, d'espace et de temps, le bonheur se situerait sur un axe diachronique si l'on convient préalablement que le plaisir, quant à lui, pourrait s'apparenter à un aspect synchronique - de temps court -, au coeur d'une échelle de la jouissance. Les deux notions (synchronie et diachronie) sont observées et étudiées dans le domaine de l'étude de la langue mais restent transposables.

Le bonheur est considéré souvent comme un idéal et non comme une réalité. Pour les Grecs, il représente un état que ressent le sage qui contemple et pratique le Bien. L'eudémonisme, qui dérive du grec εὐδαιμονία/eudaimonia soit *béatitude*, est cette doctrine philosophique qui pose comme principe que le bonheur est le but de la vie humaine. Il se différencie de l'hédonisme, doctrine qui fixe la recherche de plaisir et l'évitement de la souffrance. On peut rattacher l'eudémonisme à la recherche de la félicité chez Spinoza, *le* philosophe du bonheur. Il est le premier à s'être penché sur le sujet, longtemps délaissé par la philosophie occidentale. Son objectif a été de bâtir une éthique de la joie, tout en mettant au cœur de celle-ci, la notion de désir ; un Désir *bien orienté*, mobilisé dans l'action, capable ainsi de délaisser des servitudes qui emprisonnent l'être. Identifier ce que l'on souhaite réellement, ce qui nous transporte, ce qui motive et mobilise passionnément notre propre individualité (essence), libre et autonome, conduira vers la voie du bonheur. Ainsi, pour Spinoza, être heureux découle d'une compréhension profonde de ses propres passions, de la recherche de sa liberté intérieure et d'une persévérance dans l'effort pour maintenir cet état d'éveil, de conscience. Cette définition du bonheur s'appuie sur la considération de sa propre essence, de sa propre existence, sur le Désir. Celui-ci est en lien assurément avec les passions. C'est à nous de bien les considérer afin qu'elles nous rendent heureux et non le contraire. Une maîtrise éclairée de nos désirs peut nous conduire vers ce sentiment de plénitude, de félicité, de béatitude parfaite, de bonheur. *Nous pouvons trouver le bonheur (*felicitas/beatitudo*) en recherchant, sous la conduite de la raison, ce qui nous est utile en vérité, c'est-à-dire en accroissant la puissance de l'esprit,* a écrit Spinoza dans son ouvrage *L'Ethique* (chapitre II, Scolie IV, introduction : conscius sui, dei mundi).

Durant tous les siècles du Moyen-Âge, la conception du bonheur correspondait à celle des béatitudes, cette félicité éternelle que goûte l'Homme jouissant de la vision de Dieu. Au XXIe siècle, on pourrait définir le bonheur à partir de ce que les philosophes modernes et contemporains ont écrit sur le sujet ; ainsi, bien qu'il soit difficile de formuler une synthèse, nous pouvons mettre en avant l'idée commune que le bonheur est une affaire individuelle, subjective, reliée à sa propre histoire, qu'il se construit à partir d'une quête individuelle, nécessairement liée à une approbation inconditionnelle (constituée de détachements) de son existence, de liens sociaux, de désirs satisfaits. L'activité frénétique de consommation a pu donner au bonheur une fausse idée de ce qu'il pouvait en être : *un bonheur sans penser* comme l'écrit Gaêl Brulé, dans son ouvrage *Le bonheur à la française*. De plus, l'injonction au bonheur, dénoncée par la sociologue Eva Illouz, dans son livre *La tyrannie du Bonheur*, a fait naître une véritable industrie constituée de promesses pour pouvoir l'atteindre, venant dès lors générer des profits considérables tout en façonnant les individus.

Le Souverain Bien, évoqué par Spinoza, peut se rapprocher de la notion de bonheur. Pas seulement un bonheur durable et stable dans cette existence (ce qui serait déjà une énorme considération) mais *l'éternité d'une joie continue et souveraine*. Ce souverain Bien tel que le nomment les philosophes, n'est pas en lien avec les honneurs ou l'argent, ni même la gloire : ces options de vie sont relatives, *vaines et futiles* précise Spinoza. Il est davantage ce bien véritable qui dure dans le temps et qui résiste aux aléas et aux tempêtes de la vie : un bien véritable sur lequel l'âme peut se focaliser et *rejetant tout le reste, peut être affecté par lui seul*. Le souverain Bien serait donc ce bonheur profond qui perdure et s'enracine dans le temps ; c'est en ce sens que la philosophie de Spinoza est eudémoniste. Elle a permis au philosophe de trouver la béatitude, par un long travail intérieur. Le bonheur ne peut s'acquérir que progressivement par un *travail* de connaissance de soi et de transformation graduelle de l'affectivité, dans le sens de la liberté. S'affranchir de ses propres servitudes devient l'objectif principal. Ainsi, la joie de devenir et d'être soi constituera le premier pas vers le bonheur.

C comme Consentement

On ne peut guère aborder le concept de sagesse sans évoquer la notion de consentement à la vie. Le chemin qui mène vers lui peut paraître spirituel, peut-être même thérapeutique en ce qui concerne les domaines de l'âme et de la philosophie de la personne. Le consentement n'est bien évidemment pas la résignation ou même l'abandon devant l'adversité. Il clame au contraire, haut et fort, une adhésion totale là où la résignation s'empare d'un *oui* apparent, puisqu'elle n'est jamais bien loin du renoncement. Devant une épreuve que la vie impose (un deuil, un divorce, une longue période de chômage, une maladie grave...), la personne qui consent signifie qu'elle accepte de la vivre, malgré tout. Elle reconnaît la limite de son pouvoir sur les Choses. Cette attitude sage reste ainsi sa plus grande victoire car il s'agit bien de se défaire d'une toute puissance illusoire afin *de donner à notre vie le meilleur de nous-mêmes,* ainsi que le dit Martins Steffens dans son livre : *Petit traité de la joie*. Cette participation active à l'élan de la vie, cette obéissance sans réserve se révèlent libératrices. Consentir à ce qui est, à ce qui existe, c'est donc donner son aval à tout ce qui s'est produit antérieurement. Le consentement total, en le convoquant dans notre vie, donne à celle-ci un sens. Une pleine adhésion à l'ordre des choses participe à la reconnaissance d'une architecture administrant nos parcours de vie. On n'est plus dans l'idée que l'on devient sage à cause de la menace d'un châtiment. Le consentement s'assimile à une attitude empreinte de sagesse face à l'Existence, à son étrangeté, à la destinée de l'Homme. Il est une preuve de vie, d'acquiescement authentique de notre souffrance *qui s'accompagne d'un refus de l'esquiver, afin de pouvoir la surmonter de l'intérieur*, ainsi que l'écrit le philosophe Alain Cugno dans son texte *La morale, sagesse et salut,* publié en 1981.

Avant de s'approprier le consentement, il est possible d'affronter le refus ; peut-être le déni de l'existant, car le chemin est jalonné de plusieurs étapes en amont. Paul Ricoeur évoque ainsi ce parcours en ciblant un *consentement imparfait, un consentement stoïcien, un peu amer et distant*. Au sein de notre propre existence humaine, il faudra(it) *adapter la joie de l'assentiment, du oui au sein de la tristesse du fini*. Le philosophe ajoute : *il n'est pas une réconciliation mais un détachement [...] un art du détachement et du mépris, par lequel l'âme se retire de sa propre sphéricité, sans cesse compensée par une admiration révérencieuse pour la totalité*. (extrait de l'ouvrage *Le volontaire et l'involontaire*, paru en 1986).

Le chemin du consentement est en lien avec la quête de sagesse, car l'humilité et l'acceptation de ce qui est, viennent l'accompagner.

Le consentement, c'est la porte d'entrée à toute forme de sagesse.

D comme Désir

Le mot désir vient du latin *de* (= absence de) et de *sidus* (= astre, étoile) ; il se définit comme un manque (une tension) visant un but (la satisfaction) au moyen d'un objet. Il semble conscient et choisi, là où le besoin (déterminé par la nécessité et obéissant au déterminisme du corps qui cherche à se maintenir en vie) semble soumis à la simple nécessité. L'étymologie suggère aussi que le désir est essentiellement nostalgique (*de* exprime en effet l'idée de regret) et qu'il idéalise l'objet de son manque (l'étoile semble évoquer un objet inaccessible). Une réflexion philosophique peut se porter sur la valeur à attribuer au désir humain : est-il l'expression de la liberté humaine et du bonheur ou bien une source d'esclavage et de malheur ?

Le désir semble conduire *naturellement* au plaisir, puisqu'il vise toujours le même but : la satisfaction. Désirer être insatisfait apparaît contradictoire.

Ainsi, pour Calliclès, dans *le Gorgias* de Platon, être libre et heureux signifie *remplir tous* ses *désirs, à mesure qu'ils échouent, sans les réprimer.*

L'objet de nos désirs peut être symbolique et peut s'enraciner dans des pulsions que nous détournons inconsciemment de leur but véritable. L'objet désiré n'est pas forcément en lien direct avec nos purs ressentis de l'instant ; ainsi, nous pouvons croire que nous choisissons nos désirs. Or, il semblerait que nous les subissions, que nous en soyons dépendants parce qu'ils s'enracinent davantage au sein de notre corps que dans notre esprit.

De quelle manière le désir peut-il trouver sa place dans le cadre d'une étude sur la sagesse ? Quelle considération recoit-il de la part des philosophes ? S'orienter avec avidité vers un bien absent peut être vu comme le signe d'une impuissance ou même d'une dépendance prononcée. Car si la sagesse suppose un certaine maîtrise de soi, une connaissance claire, le désir signale quant à lui une certaine impuissance du Sujet, un clair-obscur quant à sa source et à son terme final. Pour Schopenhauer, le désir ne peut que nous laisser insatisfait car nous souffrons durant le temps que nous désirons, puis nous sommes incapables d'apprécier à sa juste mesure le moment de la satisfaction, qui n'est que momentané et que l'on souhaite prolonger par la venue d'un nouveau désir. Pour autant, il serait contre nature de chercher à renoncer au désir : Spinoza nous dit qu'il peut être compris comme *l'essence de l'homme*, comme une manière de chercher à accroître sa puissance existentielle. Il faut pour cela orienter sa pulsion vers un but qui participe à son assouvissement, dans le but de faire grandir la personne, pour l'amener, à travers une action instinctuelle, à se libérer. Il serait ainsi plus *raisonnable* de se rendre maître de la pulsion par la connaissance et non de réprimer son existence.

Devenu usuel aujourd'hui, le mot *appétit* a longtemps fait l'objet d'usages spécifiquement philosophiques. Pour Spinoza, le terme désigne la tendance fondamentale de l'homme à agir, à désirer, à réaliser ce qu'il n'est pas : *l'appétit est l'essence même de l'homme, de la nature de laquelle suit nécessairement ce qui sert de conservation* (*Ethique*, III, IX). Le philosophe allemand Wilhelm Leibniz emploie le mot *appétition* dans un sens voisin.

Si la sagesse exige des limites raisonnables, le désir, quant à lui, en a peu ; il se nourrit du franchissement des frontières, des restrictions. Il en demande toujours plus. Cependant, les deux notions ne sont pas si éloignées l'une de l'autre. La sagesse n'est pas l'éradiction des désirs ; ainsi, leur présence ne vient pas repousser toute idée conceptuelle en lien avec les vertus humaines.

C'est bien grâce à un feu intérieur, entretenu par nos désirs qui naissent et qui s'appuient sur une forme de raison, que notre essence s'affirme. Un comportement empreint de sagesse, établit par une conduite des désirs en lien avec une bonne connaissance de soi et une gestion saine des affects, vient sereinement et positivement nourrir la personne. Conduire les désirs non pas vers la tristesse mais vers la joie nécessite la mise en oeuvre d'une attitude de sagesse, afin de bien les orienter, les gérer : il ne s'agit pas d'apporter des restrictions affirmées face au Désir humain mais de développer une démarche de compréhension de celui-ci dans le but d'une intégration favorable au sein d'une quête de sagesse.

E comme Epicure

Épicure (341-271 av. J.-C.) est un philosophe grec, originaire de l'île de Samos ; il fonde, en 306 l'*École du Jardin*, en référence à un modeste potager qu'il achète à la périphérie d'Athènes. Il aurait écrit plus de trois cents ouvrages. *Le Jardin* est une école philosophique ouverte aux hommes, aux femmes, aux esclaves. Épicure y enseigne les moyens qui permettent de parvenir à l'ataraxie (la paix de l'âme), cette conception du bonheur basée sur un état d'indifférence émotionnelle, amené entre autres par une vie paisible, méditative, propice à la tranquillité de l'âme.

La doctrine d'Épicure reste souvent perçue d'une manière quelque peu différente de celle qu'il a érigée : est qualifié d'Epicurien dans le langage courant, celui qui recherche principalement le plaisir, accompagné possiblement d'une notion de raffinement. Les stoïciens, semble-t-il, ont participé tout particulièrement à cette déformation de la doctrine, afin de pouvoir occuper l'espace philosophique et politique du moment. Le philosophe et mathématicien Pierre Gassendi (1592-1655) est un rationaliste qui a tenté de réhabiliter la véritable pensée d'Epicure. Dans *Vie et Mœurs d'Epicure*, il a cherché à comprendre pourquoi celui-ci fut tant attaqué. Il considère le plaisir comme une finalité de l'existence humaine et la philosophie comme un exercice qui conduit vers une vie plus heureuse.

Pour Epicure, le but de la philosophie est la santé, la tranquillité (ataraxie) de l'âme ; il s'agissait donc pour lui de populariser ses principes puisque tout individu est à la recherche d'une vie agréable, saine : souhait qui devient un besoin essentiel pour pouvoir s'épanouir. Dans la *Lettre à Ménécée*, texte qui résume la doctrine d'Epicure et qui propose une méthode pour atteindre le bonheur, il écrit : *le plaisir que nous avons en vue est caractérisé par l'absence de souffrance corporelle et de troubles de l'âme*. Pour les épicuriens, le bonheur s'obtient par la pratique d'un plaisir raisonnable : il faut savoir se contenter de ce que l'on a ; il faut rechercher la sobriété, la modération et la durabilité dans les plaisirs ; par ailleurs, il faut savoir accepter un certain niveau de souffrance, notamment si elle est inévitable et ne pas craindre la mort car son obsession nous empêche de vivre pleinement. Enfin, les disciples d'Epicure préconisent de se libérer de toutes les craintes qui viennent perturber l'existence ; celles-ci sont souvent injustifiées ; il est préférable d'agir, de faire des choix raisonnés, visant à éviter toute erreur ou toute déception : c'est bien là que réside le pouvoir de l'homme qui vise à devenir libre. *Il n'est pas possible d'être heureux sans être sage,* a écrit Epicure.

Ainsi donc, l'épicurien serait un joyeux vivant, un individu qui, avant toute chose, veut jouir de la vie. Si la notion de plaisir n'est pas certes étrangère à la philosophie d'Épicure, elle ne correspond pas à une recherche effrénée de jouissances terrestres. Le plaisir est perçu comme la suppression d'un manque ; le satisfaire n'est pas nécessairement positif : la satisfaction ne représente en fait que la négation d'une autre négation.

La doctrine, souvent interprétée comme une philosophie de bon vivant cherchant le plaisir avant tout, est en réalité une philosophie de l'équilibre, fondée sur l'idée que toute action entraîne à la fois des effets plaisants et d'autres pouvant procurer de la souffrance. Il s'agit pour l'épicurien d'agir sobrement, tout en recherchant les actions qui amènent l'absence de douleur et dont la pleine conscience procure le plaisir suprême ; la clef du bonheur est donc de bien connaître ses propres limites ; l'excès, l'asservissement (idée qui rejoint celle des servitudes, énoncée par Spinoza), doivent être évités car ils apportent la souffrance. Sans être une philosophie morale hédoniste, ce courant philosophique ne recommande pas l'ascétisme. Selon Épicure, la vertu de la prudence est indispensable pour atteindre le bonheur : elle permet à l'homme de distinguer les bons plaisirs des mauvais ; car tous ne se valent pas.

L'éthique de l'amitié occupe une place importante pour le philosophe dans ses réflexions. Cependant, elle s'avère assez paradoxale chez lui, tout comme chez Aristote. En effet, tous deux considèrent que le sage se suffit à lui-même, que l'autosuffisance et l'autarcie sont des biens précieux. Si le sage doit garder son indépendance, il doit aussi privilégier l'amitié précise Epicure, car elle ne représente pas seulement un simple *moyen* mais un bien en soi.

F comme Foi

Le mot foi provient du latin *fides* qui signifie confiance. Elle désigne étymologiquement parlant le fait d'avoir confiance en quelque chose ou en quelqu'un. Elle se rattache à un concept philosophique. Cependant, la notion rejoint celle de croyance au sein de l'univers des religions. Ni Platon, ni Aristote n'imaginent que la foi puisse avoir une quelconque dimension religieuse ; pour ces philosophes, le religieux est d'un tout autre domaine : celui de la crainte et du respect des divinités. Le monde platonicien est divisé en deux parties : le monde visible et le monde intelligible qui est celui des idées. Le premier appelle le second : c'est en partant de l'observation du réel que l'on peut avoir accès aux idées du monde supérieur.

Ainsi, philosophiquement, on pourrait définir la foi comme un adhésion ferme à quelque chose, comme celle qui se porte sur une certitude mais qui cependant ne peut pas être justifiée par une démonstration.

La foi n'est donc pas nécessairement en lien avec la religion, avec une pensée mystique. Pour une personne croyante, la foi n'est pas un contenu mais une relation de personne à personne : elle part de la présence active de Dieu en elle, présence qui la travaille, qui la transforme : elle vient de Dieu. La foi chrétienne (catholique, orthodoxe, protestante) est la croyance en la Trinité (le Père, le Fils et le Saint-Esprit). Elle est donc cette relation de l'Homme avec Dieu, cette reconnaissance de son existence et de sa présence. En philosophie, la foi renvoie à la sensation pour une personne de développer une confiance envers une chose (ou une personne) qui n'existe pas encore dans sa réalité, qui a la potentialité d'exister plus tard et l'intègre virtuellement dans son parcours. Il n'y a aucune démonstration de vérité, de certitude. La foi ne s'oppose pas à la raison, ni au savoir mais sur une attestation de confiance dont il est vain d'avoir une quelconque preuve. Elle est en lien avec le doute. Pour certains, elle est synonyme d'aveuglement et d'obscurantisme. Pour d'autres, elle est au contraire un chemin de progrès et de libération. Elle reste une expérience intime, qui peut être en lien avec un nouveau rapport au monde et à soi. Dans ce cas, elle a une origine intérieure. La foi est une conviction, qui n'est pas cependant figée, arrêtée. En effet, elle n'oblige pas à rester indéfiniment ancré dans une certitude. Elle se vit à un moment donné, mais doit pouvoir être questionnée et remise en cause. Car la foi est de nature active et dynamique. Elle se manifeste lorsque l'esprit est capable d'aller au-delà des raisonnements, des constructions et des idées établies. La foi traverse la matière et vient tracer un chemin nouveau.

Avoir la foi, c'est faire preuve de sagesse, de compréhension et d'acceptation des événements qui ont lieu dans sa propre vie, c'est également accueillir le moment présent. Tout ceci du fait qu'il existe des rythmes auxquels nous sommes soumis et qu'un événement déstabilisant (rupture, maladie, décès...) peut surgir en ayant cependant un sens caché, plus *heureux,* au sein du parcours de la personne concernée.

Dans la notion de foi, il peut se greffer celles de l'espoir et de l'espérance. L'espoir est le fait d'attendre et de désirer quelque chose de meilleur, pour soi ou pour les autres : il peut être considéré comme une émotion ou une passion. L'espérance quant à elle, est une confiance pure et désintéressée en l'avenir. C'est une valeur présente dans diverses traditions religieuses ou spirituelles. Dans le christianisme, l'espérance est l'une des trois vertus théologales (les deux autres étant la foi et la charité) et évoque entre autres l'accès à la vie éternelle.

Espoir et espérance sont donc deux manières différentes d'attendre. L'espoir est joie et désir alors que l'espérance est prudence et patience ; l'espoir peut conduire à une déception, ce qui n'est pas le cas pour l'espérance ; l'espoir relève souvent de l'illusion alors que l'espérance relève de l'intuition ; l'espoir ne dure pas, alors que l'espérance ne s'éteint jamais ; l'espoir meurt avec l'échec, ce qui n'est pas le cas pour l'espérance.

L'espoir est en réalité l'attente d'une récompense personnelle (même s'il concerne la vie des autres) : il repose sur une base d'égoïsme et sur un excès de confiance. S'il y a échec, il devient démotivant et risque de conduire à l'arrêt de l'action qui avait été entreprise. L'espérance, elle, ne s'éteint jamais. Elle perdure au-delà des moments difficiles car elle s'inscrit dans le temps long. Elle traduit une confiance profondément ancrée. Enfin, elle porte une dimension transcendantale. L'espérance envoie à la paix intérieure, à la sérénité, à la sagesse. *Avoir la foi, c'est monter la première marche, même quand on ne voit pas tout l'escalier,* disait Martin Luther King.

G comme Gratitude

La gratitude a toujours été un sujet d'étude pour les philosophes antiques et pour ceux du Moyen-Âge. Elle continue d'intéresser ceux d'aujourd'hui. Au sein de la psychologie, elle n'a été retenue que depuis une vingtaine d'années. Sans doute parce que cette science humaine a souvent ciblé ses recherches sur la compréhension du stress et autres émotions perturbantes, au détriment de celles portant sur les émotions positives. Les études ont porté principalement sur la compréhension de l'expérience - à court terme - du sentiment de gratitude ainsi que sur les différences individuelles remarquées dans la façon dont les gens la ressentent et sur la relation entre ces deux aspects. Plusieurs d'entre elles ont montré une corrélation existante entre la gratitude et l'augmentation du bien-être, non seulement pour l'individu, mais pour toutes les personnes impliquées. Si la gratitude a donc été négligée par la psychologie dans le passé, elle fait l'objet actuellement d'études régulières, avec un focus mis sur ses effets positifs pour l'humain. Il a été révélé que les personnes qui la ressentent sont moins susceptibles de nier ou d'éviter leurs problèmes, de se blâmer ou de faire face aux difficultés de la vie en utilisant des remèdes plus ou moins toxiques, que toutes les autres.

Exprimer sa gratitude commence par un petit mot que nous introduisons dans les échanges sociaux et éducatifs auprès des enfants dès leurs premières années. Ce *merci* va devenir un sésame qui réjouira autant celui qui le délivre que celui qui le reçoit. L'énoncer sans réelle profondeur correspond certes à un code de politesse affiché mais n'est pas en lien avec la présence de son bienfaiteur. De même que la gratuité, la gratitude dérive du matin *gracia,* la grâce. Elle fait une place au don. Spinoza définit la gratitude comme *le désir ou l'élan d'amour par lequel nous nous efforçons de faire du bien à celui qui nous en fait par un sentiment d'amour.* La capacité à se réjouir du don reçu n'est cependant pas donné à tous. Elle est dépendante de la valeur que l'on porte à autrui et de celle que l'on attribue consciemment à l'importance de l'échange relationnel, à sa qualité.

La gratitude exprime un état de joie, teintée d'humilité, devant ce qui est. Elle est à la fois source, origine et résultat, finalité du fait qu'elle engendre un rayonnement intérieur qui invite à la paix, à l'émerveillement, au partage. André Comte-Sponville dit que *c'est une vertu qui a la pouvoir de développer notre aptitude au bonheur.* Elle représenterait le sommet de la sagesse qui de plus inviterait à aimer. La gratitude est donc une qualité noble, qui se cultive. Elle est l'attitude des sages qui ont intégré l'idée que chacun est un cadeau pour l'autre, d'une manière ou d'une autre.

Elle intervient à la suite d'une prise de conscience des lois spirituelles qui régissent l'univers, lors du cheminement vers la sagesse ; prise de conscience qui permet de réaliser que l'on a été épaulé lors d'une activité, d'une prise de risque, lors d'un dépassement personnel. Une actualisation de la gratitude permet de ressentir une forme de paix due à une réciprocité (entre l'autre et soi) qui s'est installée. Elle participe à la naissance d'une sagesse du fait qu'elle fait intervenir de la conscience, de l'humilité mais aussi d'un état de bonheur et surtout de paix, de compréhension, à l'intérieur du vaste réseau des comportements humains. *C'est une forme d'humilité, de détachement, une question de paix avec soi-même* , écrit Frédéric Lenoir.

Appliquer, exprimer, engendrer de la gratitude envers autrui, c'est l'intégrer dans sa propre sphère vitale. C'est être conscient d'un apport positif, favorable de l'existence et de ceux qui y contribuent ; apport en lien avec l'intervention de quelque chose de *supérieur à soi* qui devient source d'une profonde reconnaissance (gratitude) pour ce qu'elle apporte. Ainsi, la gratitude signe une qualité de cœur qui vient s'exprimer dans un contexte plus large de spiritualité. Elle est aussi un rayonnement intérieur qui invite à aimer.

La pratique de la gratitude génère un état d'esprit qu'il est possible de développer. Elle est reconnue par les neurosciences comme une des manières les plus efficaces pour booster nos sentiments positifs et le lien aux autres. La façon de percevoir le monde environnant avec ses facteurs parfois défavorables est à la source de notre santé, de notre bonheur. L'attitude morale et comportementale adoptée a un impact important sur la qualité de perception de nos vies. Adopter une attitude de gratitude, être reconnaissant pour ce que l'on a, ce que l'on est, permet assurément de dénouer des blocages spirituels importants.

I comme Intuition

Au sein d'un mode de vie axé sur une quête de sagesse viennent tout naturellement participer les prises de décisions ; des plus adaptées aux plus réfléchies, des plus rationnelles aux plus raisonnables, toutes sont porteuses de sens et de justice. Les choix opérés font entrer en ligne de compte des facultés humaines inhérentes à tous. Néanmoins, leur prise en considération reste variable en fonction de la propre conduite de la personne et de son éthique singulière.

Ces prises de décisions sont directement en lien avec la raison (nous sommes libres grâce à elle), et par ailleurs, avec l'intuition. Ces deux facultés intellectuelles occupent une place importante dans l'élaboration de stratégies adéquates réalisées par l'humain. Pour un meilleur épanouissement, elles ont dû prendre le pas sur le mental et l'esprit (rempli de doutes, de peurs, de pensées contradictoires), sur une construction égotique qui contrôle (mais qui a néanmoins permis à la personne de survivre) la vie de chacun, depuis les premières années de la vie. Réduire l'invervention d'un mental trop puissant est indispensable pour la bonne croissance spirituelle. La pratique du lâcher-prise permet l'accès au canal intuitif ; dès lors, une perception nouvelle du monde s'en suit, s'installe.

Autant la connaissance rationnelle nous rend libre, autant elle reste insuffisante pour nous conduire au bonheur suprême (évoqué par Spinoza). Un autre genre de connaissance s'avère nécessaire : la science intuitive. Si la raison permet de connaître et d'ordonner nos affects, l'intuition, quant à elle, nous permet de saisir la *relation entre une chose finie et une chose infinie* (Spinoza), entre l'existence de notre corps (le temple), de notre esprit et celle plus subtile, plus transcendée, de notre âme. Une saisie intuitive procure une félicité, une joie puisqu'elle est en résonance avec la dimension spirituelle de la personne. Pour

Spinoza, la joie parfaite est donc le fruit d'une connaissance à la fois rationnelle et intuitive qui s'épanouit en nous, lors d'expériences de vie qui conduisent à choisir, à décider, à s'épanouir. Concernant cette approche du monde, le philosophe Robert Misrahi évoque, quant à lui, la présence d'une sorte de *seconde naissance*, qui nous fait ainsi progresser dans l'état de sagesse.

L'intuition peut se voir comme un raccourci de la perception des choses qui voyagent vers la conscience. C'est par elle qu'il est possible d'établir un ressenti, à partir de notre monde intérieur - ordonné par la raison - et de la totalité de l'existant, c'est-à-dire *entre notre cosmos et le cosmos entier*, nous dit Frédéric Lenoir. Il s'agit d'allier au mieux ces deux facultés (raison et intuition) en soi afin de libérer des potentialités en matière de jugement et d'adaptation, face à la complexité des événements que nous devons traiter dans notre quotidien ; dans le but également de nous offrir des moments de grâce (issus de cette association) venant nourrir nos désirs de plénitude et de complétude.

L'intuition est plus qu'un raisonnement déductif inconscient. C'est la capacité d'obtenir de l'information immédiate, sans passer par la voie de nos cinq sens. Elle se révèle instantanée, elle se manifeste rapidement. Bien que dite intuitive, elle comporte un aspect déductif. La sagesse implique de réaliser des actions tempérées : grâce à la *science intituive* (terme employé par Spinoza), qui n'a rien de mystique et qui est cette *appréhension intellectuelle immédiate du lien entre les réalités singulières et la Nature infinie qui les fonde*, l'être humain peut appréhender et saisir le monde dans lequel il évolue. La Nature, c'est le cosmos entier, avec toutes ses dimensions, visibles et invisibles, matérielles et spirituelles, c'est Dieu, précise le philosophe dans son *Ethique*.

J comme Joie

Des philosophes nous rappellent que la joie est la voie royale pour aller vers la sagesse. Pour Spinoza, elle est davantage un passage qu'un état : *le passage d'une perfection moindre à une plus grande perfection*. Elle représente une expérience qui augmente la puissance d'agir de l'homme. Elle est un moment au sein d'un processus de perpétuel dépassement, de passage d'un état à un autre. La joie est également *présence* et elle ne succède qu'à elle-même ; elle s'insère dans notre ancrage au cœur de l'instant présent.

La réalisation de la *joie parfaite*, sorte de contenu affectif de la sagesse, commence par un passage par la joie, par une conversion première. On entre en joie un peu comme on entrerait en religion. La joie réside dans le oui sacré à la vie, dans l'accueil inconditionnel de sa propre existence, de son propre destin *; amor fati* nous rappelle Nietzche. Ce consentement est une sorte de fabrique de la liberté ; il ouvre les portes d'une libération intérieure grâce à l'acceptation sans résistances de tout ce qui vient nourrir notre existence. Le philosophe Nicolas Go a écrit dans son ouvrage *La sagesse de la joie* que la sagesse ne pouvait débuter que par la joie : *le désir de sagesse commence par un passage à la joie en guise de première conversion.*

Saint Francois d'Assise insiste sur la simplicité de la joie ; le terrain propice pour son épanouissement se situe dans un cadre de vie où règne une parfaite humilité. Les affections de joie, issues de causes extérieures (qui dénotent de la passivité de la part de la personne), peuvent masquer la réalité d'une servitude. Au contraire, une pratique personnelle de la joie devient une marque de liberté. Elle vient manifester l'amour de la vie. Elle se positionne davantage comme une réponse et non comme une solution. *Le statut de victime convient assez bien à celui qui, peut-être, aime se complaire dans la facilité d'une souffrance passive, plutot que de se délier dans la rigueur d'une joie active, dans le travail d'une joie créative*, écrit encore Nicolas Go. Le philosophe cite dans son ouvrage l'exemple de Louis Aragon qui, à la mort de sa compagne Elsa Triolet, *choisit* l'écriture, *œuvre d'une douleur secrétement joyeuse* : une voie *heureuse* qui lui permit d'assurer la continuité du lien par-delà la perte.

La perspective de la joie venant apaiser la douleur s'illustre dans des parcours de vies marqués par l'idée de désespérance ; ici, ce n'est pas la présence d'une joie qui provient d'un événement extérieur gratifiant la personne ; mais plutôt l'émergence d'une *entrée en joie* qui s'impose, à la suite d'une souffrance venant accabler la personne et qui exige d'elle la naissance de son propre pouvoir créateur (afin d'entrer dans un travail du deuil). Ici, la joie devient le produit du dépassement de ces *passions tristes* évoquées par Spinoza.

La joie pourrait finalement se définir tout simplement comme une approbation du réel, un désir du présent, sans référence à la mémoire qui vient nourrir la blessure. Associée au détachement qui participe à l'éloignement de la souffrance, des regrets, la joie se substitue à l'*objet* (visé en tant que totalité, pouvant ainsi désigner une personne) perdu. La relation nostalgique à *l'objet* demande, exige d'en créer une autre, avec un autre statut afin que la joie s'installe et libère. Cette démarche, ce processus, nécessite un long travail sur soi, en étant le plus souvent accompagné par des âmes ayant vécu ce parcours. Pratiquer la joie, c'est donc être dans la lucidité de l'instant, dans cette conscience de l'impermanence de la vie qui oblige à être confiant, à développer une foi sage. Ce qui amène à énoncer que la sagesse est une méditation de la vie et non pas de la mort, ainsi que le dit Spinoza.

Reconquérir la joie passe par un effort conscient visant à gagner en liberté intérieure, car la joie est d'abord en Soi. Il s'agit de ne pas l'étouffer avec l'omniprésence d'un mental puissant qui viendrait ainsi la verrouiller. La joie est un art : il exige une pratique régulière afin de pouvoir se développer, il en est de même pour la joie. Elle est puissance, elle demande l'accomplissement d'un virage intérieur qui doit s'opérer sur les ressentis, les certitudes ainsi que sur le passé de la personne. Ce virage s'assimile à une véritable dissolution du Moi qui permet d'accéder à une dimension plus élevée de sa propre existence, à une vision plus large de sa vie, à une diffusion plus consciente de sa propre Lumière et de son rayonnement. Il convient dès lors de ne plus s'autosaboter en matière d'accession à la joie, au bonheur, à la sagesse, quels que soient les revers à gérer ; leur bonne gestion permet inévitablement de mieux avancer sur le Chemin.

Il est nécessaire pour chacun de bien définir les situations qui procurent de la joie. Elles évoluent, se modifient au cours de l'existence. Un état méditatif ou contemplatif peut engendrer de la joie bien qu'aucun événement extérieur ne vienne se présenter. Cet état modifie la conscience, il vient convertir le désir (pouvant être tout d'abord perçu comme un manque) en plénitude. A partir de cet état de sublimation, de conversion du désir, nait la possible joie. De la même manière, la *résolution* positive d'un désir vient générer de l'enthousiasme

L comme Liberté (intérieure)

La liberté intérieure pourrait se définir comme cet espace intime que le sujet se donne ou découvre lorsqu'il croit tout simplement qu'il peut réaliser ce qu'il souhaite ; une sorte d'espace où semble régner dès lors la toute puissance de l'ego. Qu'en est-il réellement ?

Poursuivons la réflexion en nous appuyant sur la pensée de Spinoza. Certes, la liberté intérieure renvoie à cette dimension fondamentale de la conscience humaine qui est l'aspiration à la liberté et au bonheur, à une certaine forme de délivrance personnelle. Mais on ne peut évoquer la liberté intérieure sans vouloir considérer une autre dimension de l'existence : celle du déterminisme. On ne peut considérer le pouvoir créateur de la personne (*intérieur* voulant dès lors dire *subjectif*) qui apporte du sens à sa vie sans souligner les circonstances, les causes, les déterminations de l'environnement qui agissent sur elle (et souvent malgré elle).

Spinoza fait reposer l'accès à la liberté intérieure sur la connaissance rationnelle du Désir (ce mouvement dynamique est parfois défini comme instinct - pour Nietzsche - ou comme pulsion - pour Freud -), sur la manière spécifique de l'approcher au fond de soi, sur l'Essence individuelle qui caractérise chaque être humain. Pour se révéler plus complète, cette conception philosophique de la liberté vient s'associer avec l'affirmation d'une autonomie, d'une sagesse et d'une joie, avec une vision spirituelle de la vie ; cette conquête de la liberté peut s'entrevoir comme l'aboutissement d'une prise de conscience féconde, d'un éveil libérateur, en lien avec une certaine sécurité intérieure instituée.

La liberté *authentique* ne réside cependant pas dans une liberté intérieure qui imposerait ses pures volontés mais dans une action autonome conduite par celui qui agit, avec une connaissance véritable des conditions réelles de son existence. Et cette connaissance (de soi, de l'environnement) pour Spinoza, va participer au bon cheminement qui conduit vers cette liberté évoquée dans l'Ethique, permettant ainsi le passage d'une passivité affective à une activité basée sur un Désir devenu autonome, contenu et constructif ; cette route de la liberté, façonnée par la lucidité mais également par la quête de sens, conduit vers la joie d'une façon permanente (*Éthique*, IV, 52).

Pour Spinoza, il n'existe pas de libre arbitre. Les hommes se pensent majoritairement libres car ils n'ont pas conscience des *causes* qui motivent leurs actions. En fait, les actions, les choix et même les pensées entretiennent des relations de cause à effet. Tel acte soit disant créé librement n'est en fait que la résultante d'un acte antérieur qui lui-même est en corrélation directe avec d'autres exécutés en amont. La liberté en matière de choix est par conséquent assez réduite. Mais puisque la conscience de cette cascade d'événements échappe à l'individu, celui-ci s'imagine être en pleine possession d'un pouvoir de décision implacable. *J'appelle libre, quant à moi, une chose qui est et agit par la seule nécessité de sa nature ; contrainte, celle qui est déterminée par une autre à exister et à agir d'une certaine façon déterminée*, a écrit Spinoza. Pourtant la liberté existe dit le philosophe : mais elle n'est pas cependant celle que l'on croit. Sa définition de la liberté commence avec la connaissance et l'exercice de la raison. En effet, l'être humain pour être libre, doit, grâce à l'usage de ces deux facultés, identifier ses passions (*affects négatifs*) pour les transformer en actions (*affects positifs*). Ainsi, libérée de l'influence des causes externes, chaque personne peut augmenter son désir de persévérer dans son être profond et se rapprocher un peu plus de sa véritable Essence, un peu plus de sa véritable Nature. La liberté chez Spinoza s'acquiert ainsi par une meilleure connaissance de soi et du monde. Elle représente l'un des premiers pas posé sur le chemin de la quête de sagesse.

M comme Méditation

Les premiers témoignages de cette pratique remontent à plus de 2 000 ans avant J.C., soit 1 500 ans avant que le père du bouddhisme, Siddhartha Gautama ne la développe. A l'origine, la méditation était un mode particulier d'accès à la connaissance. On trouve des traces archéologiques, notamment dans la vallée de l'Indus, de cette pratique : on observe des personnages assis dans la position du lotus. La méditation est née dans un contexte où on considérait que l'on pouvait accéder à la connaissance à travers une discipline holistique, concernant à la fois le corps et l'esprit. Cette discipline millénaire est présente dans les médecines chinoises, égyptiennes, grecques, juives et arabes. La pratique de la méditation à long terme semble conduire à une augmentation de l'épaisseur corticale (dans le cerveau), en particulier dans les régions en lien avec l'attention, à l'interoception et au traitement sensoriel ; ce qui pourrait amener une amélioration de la capacité de mémorisation.

Les philosophes pratiquaient la méditation dans l'antiquité. Loin d'être un moment de recueillement ou de contemplation, elle recouvrait une pluralité d'activités comme le bilan de soi, la préméditation des maux, la connection à sa propre sagesse intérieure et l'apaisement de l'esprit. Si le philosophe se plongeait dans la méditation, il restait néanmoins proche de la vie de la Cité et de son quotidien. Méditer complétait le processus logique, contemplatif et réflexif qui accompagnait l'activité philosophique.

Pour pratiquer en pleine conscience la méditation, il est essentiel de porter l'attention sur la respiration ou sur une partie du corps ou bien encore sur une musique, afin de mettre en veille l'esprit. Sa pratique assidue va mener à un art de vivre, à une façon d'être à soi - qui s'associe parfaitement avec la quête de sagesse et avec le cheminement entrepris pour alléger ses pensées les plus pesantes -, à davantage de spiritualité.

Enfin, on observe plusieurs approches de la notion et de la pratique de la méditation. Ainsi, on peut l'assimiler à de la concentration (pratique de la méditation de pleine conscience, renoncer de penser pour sentir), ou à de la relaxation (le conscient est alors au repos), ou bien à de la pensée (on observe une pause, on rompt avec l'urgence, on oublie son corps, on s'évade en pur esprit), ou bien encore à de la spiritualité (comme les sages de l'antiquité mais aussi les religieux)...

N comme Nietzsche

Avec Nietzsche, on est propulsé vers les versants philosophiques de l'existence. *Qu'est-ce que l'humanité ? L'homme est-il autre chose qu'une pierre évoluée à travers les modes intermédiaires des flores et des faunes ?* Avant une crise de démence qui précipita sa déchéance, le philosophe s'était consacré à la rédaction de nombreux ouvrages dont le *Gai Savoir, Ainsi parlait Zarathoustra, Le crépuscules des idoles*. Sa réflexion instaurait une rupture définitive au sein de l'histoire de la pensée : elle proposait de détruire les valeurs de la culture moderne, en dévoilant leurs origines, afin que ces révélations puissent permettre de construire sa propre vie. Sa critique envers la morale judéo chrétienne (qu'il perçoit comme castratrice et hostile à l'existence) l'amena à valoriser la vie, la réalité sensible, le monde dans lequel nous vivons et où se conjuguent des sources de richesse comme la multiplicité et l'irrationalité. Pour lui, il faut dépasser le nihilisme (état de perte de sens) auquel conduisent le christianisme et la métaphysique traditionnelles.

En prônant que Dieu est mort, en s'attaquant aux valeurs supérieures de la vie, l'Homme, chez Nietzsche, se retrouve donc seul dans ce monde dénué de sens ; ainsi, la *volonté de puissance* (ce feu intérieur qui anime l'âme) peut s'exprimer dès lors en lui. Elle n'est plus simplement un effort de vivre. La notion philosophique de *surhomme* (qui apparaît surtout dans *Ainsi parlait Zarathoustra* dans et qui se rapporte à celui qui assume son chaos intérieur et qui s'en rend maître sans essayer de le refouler) désigne également l'être qui se crée des nouvelles valeurs, sans regret et assume le monde tel qu'il est. Ce surhomme n'est pas en lien avec l'idée d'une race supérieure ; il indique le philosophe à venir, celui qui est dégagé du poids du christianisme, capable de forger de nouvelles valeurs après *la mort* (décrétée) de Dieu. Ainsi, il peut maintenant affirmer son individualité, son individuation, son autonomie pleine et entière, sa liberté à l'égard des valeurs traditionnelles et déployer positivement sa volonté de puissance, d'exister. On retrouve un peu les valeurs de Spinoza ici. Il y a bien une filiation spirituelle entre les deux hommes. A l'instar de celui-ci, il se méfie des passions tristes, du ressentiment. Leur combat est similaire sur certains points ; néanmoins, Nietzsche est beaucoup plus affirmé, plus explosif dans ses affirmations (par exemple, ses aphorismes se montrent puissants tout en étant empreints de musicalité) tandis que Spinoza, la pensée est gouvernée par les nécessités de la raison. Une rigueur éthique (une architecture) définit ses écrits.

C'est à travers l'art que l'homme peut trouver le chemin de l'auto-dépassement, afin d'aller vers le Surhomme, indique Nietzsche. C'est dans l'art que cette puissance s'exprime au mieux ; il apparaît comme un remède à la Connaissance sans toutefois prétendre exhiber une vérité absolue. L'art permet de dépasser ainsi le nihilisme. L'expérience créative tout comme l'expérience contemplative augmentent la puissance de la joie, déverrouille la part naturelle de sensibilité parfois occultée par les jugements. Nietzsche entend exalter la joie, l'enthousisme. Dans la fin de *Zarathoustra*, dans le chant de l'ivresse, il décrit d'ailleurs cette allégresse, cette félicité qui prend le pas sur la tristesse. La sagesse sauvage du Penseur Zoroastre (appelé Zarathoustra) n'intègre ni les dogmes ni les préceptes, ne se soumet pas aux normes de conduite et ne tolère aucunement les valeurs établies. Ainsi, toutes les notions les plus chères au philosophe, toute sa pensée abyssale se retrouvent dans cet ouvrage. C'est un livre de la solitude ; il la donne à vivre. Nietzsche a aussi insisté beaucoup plus que Spinoza sur le lien entre l'art et la joie. Il existe chez le philosophe allemand une sorte d'esthétique de la joie qui se révèle par l'acte créatif ; en effet, pour lui, l'art constitue l'expérience privilégiée de la joie

Nietzsche, c'est aussi *l'amor fati*. Cette locution latine introduite par le philosophe fait référence à l'amour du destin, l'amour de la destinée donc au fait d'accepter joyeusement de qui est. Il s'agit d'aimer son sort tout comme le présent ; manière d'approcher la vie qui est par ailleurs fondamentale dans la pensée stoïcienne. Chez Spinoza, sans se référer à la notion de fatalisme, il considère que tout ce qui arrive doit *nécessairement* arriver, du fait d'une détermination émanant de la Nature divine. Il ne s'agit pas d'une philosophie de la soumission mais bien de celle de la connaissance, de la nécessité d'accepter les lois universelles qui gouvernent la vie terrestre. Ainsi, on en vient à mieux cerner la liberté qui s'affirme au sein des limites naturelles qui nous sont imposées ; la nécessité n'est alors pas vécue comme une contrainte. Cette acceptation sans résistance de la vie (tout en considérant à sa juste valeur notre pouvoir d'intervention, d'action) et du caractère inéluctable de la mort se rapproche de la pensée, de la philosophie naturaliste de Lao Tseu. Cependant, il ne suffit pas pour Nietzsche d'accepter son destin comme le font les Taoïstes ou les Bouddistes ; il faut aussi aimer l'aventure que nous offre la vie. Le philosophe ne tente pas d'approcher l'idéalisme. Il reste naturaliste.

La philosophie de Nietzsche est une philosophie portant sur la joie de découvrir son propre avenir. C'est son propre cheminement - afin de devenir un *surhomme* - qui va encourager l'être humain à trouver une voie pour que sa force vitale puisse s'exprimer et ne soit plus écrasée par la société ou tout autre intervenant. Le grand apport de ce philosophe est d'affirmer que nous pouvons surmonter nos peines en acceptant le tragique de la vie. Il se méfie de toute morale qui empêche de vivre et qui provoque une fuite vers l'illusion religieuse. Il développe une philosophie du *oui* à la vie. Nietzsche a (tout comme Lucrèce et Spinoza) dessiné une philosophie de la joie, de la création et de la plénitude vitale : viser la sagesse consiste à épouser l'idée que notre conduite ne provient plus d'un au-delà mais de l'homme lui-même. Elle s'imprègne dès lors d'un Gai savoir, un savoir animé par une volonté affirmative et créatrice, qui souhaite connaître le réel tel qu'il est, avec sa part de hasard, de mal, d'imprévisible et d'absurde. A partir de cette connaissance, le monde peut être alors transformé ; *J'aime ceux qui ne sont pas réduits à chercher au-delà des étoiles une raison de décliner [...] mais qui au contraire se sacrifient à la terre,* a écrit le philosophe allemand. Ainsi, Nietzsche s'affirme dans un retour à une sagesse tragique, fondée sur l'approbation de la réalité (*amor fati,* l'amour du destin).

P comme Plaisir(s)

Le plaisir semble avoir été inscrit dans le patrimoine de chaque être humain, dans des buts bien définis, au sein du cadre de sa survie. Dès la naissance, le bébé est poussé à s'alimenter ; il est dirigé par une force invisible vers le sein de sa mère ou le plus souvent vers la tétine d'un biberon.

Corrélé à une force instinctuelle qui amène à s'alimenter, le plaisir notamment bucal s'affirme providentiellement. Tous les orifices, spincters qui s'activent nécessairement pour assurer la survie de l'être sont sollicités et leur fonctionnement est bien souvent relié à une notion de plaisir des sens. Ces états de plaisirs éphémères sont ici essentiellement reliés à la chair. Plus tard, d'autres seront éprouvés par d'autres canaux : culturels, intellectuels... Mais ici, la notion de sagesse ne semble pas évident à percevoir. Et pourtant, avec la notion de déplaisir qui va rapidement émerger dans le parcours de l'être humain, il faudra initier des comportements ou des attitudes en réaction qui viendront répondre à cette sensation qui peut être mal acceptée, mal vécue surtout si l'acceptation de frustrations est mal admise.

Les plaisirs, de manière générale, ne s'inscrivent pas dans une durée longue. Ils viennent satisfaire la personne, l'encourage même parfois, lors d'actions (nécessaires/utiles) engagées pour le déroulement de sa vie matérielle, de sa vie spirituelle ou de sa survie au sein de son espèce. Ils viennent la contenter, lui apporter pour une période plus ou moins brève, un sentiment de jouissance venant gratifier son Moi. Un désir de prolongement et de renouvellement prend souvent place dans ce contexte de ressentis agréables ; et s'il se voit reporté ou contrarié, la notion de déplaisir dès lors viendra s'installer. Ainsi, il sera nécessaire inévitablement de discerner les plaisirs : ceux qui seront suivis inexorablement de contrariétés, de souffrances, proportionnelles à l'intensité du plaisir (imaginé ou attendu) devront être bien évalués. Le discernement intuitif, l'intelligence spirituelle peuvent participer à une première étape de réflexion qu'il sera nécessaire d'aborder. Les expériences générant du plaisir sont multiples. C'est à chaque personne d'identifier elle-même les situations spécifiques qui lui procurent de la gratification, de la satisfaction, tout en respectant sa propre constitution. *Davantage les plaisirs de la pensée,* disait Epicure !

Désir et plaisir sont sans doute les notions que l'homme doit considérer au plus haut point, dans sa vie, afin de se libérer d'un asservissement en lien avec la sensualité, avec le corps (cependant sans repousser l'idée que le corps est le temple de l'âme), tout en ne reniant pas cet aspect essentiel de l'existence ; il s'agit de nourrir positivement l'âme, son essence spirituelle, grâce à l'intégration juste et équilibrée d'expériences gratifiantes rattachées à son incarnation, à sa vie humaine. Pour y parvenir, une connaissance affirmée de Soi devient la base essentielle de l'incessant rééquilibrage personnel qu'il faut mener.

R comme Raison

Cette faculté de l'esprit humain, qui permet de déterminer au mieux sa conduite, d'émettre un jugement, vient trouver naturellement sa place au sein d'un abécédaire dédié à la sagesse.
Un sage se distingue des autres hommes, non par moins de folie, mais pour plus de raison, a écrit le philosophe Alain. La folie exprimée dans cette phrase est bien entendue celle d'un état psychologique passager, d'un trouble ou d'une exaltation causée par une forte émotion ; et non pas celle d'une perte définitive de la raison. Pour Descartes, la raison permet de bien comprendre car elle rend clair les choses ; elle éloigne l'individu des ombres, des ténèbres. En ça, elle vient s'opposer à la notion d'instinct, peut-être même d'intuition. Elle peut se voir comme un rempart contre toute forme d'engagement sectaire, comme

une faculté qui conduit à une sorte de vérité quasi incontestable, quasi incontestée.

L'intuition, quant à elle, ne suppose pas un cheminement, un mouvement ordonné. Elle se veut constituée d'un seul tenant. Elle ne recourt pas au raisonnement ; elle prend la forme d'une connaissance immédiate des événements. Sa constitution de ce fait, l'éloigne-t-elle de l'univers de la sagesse ?

Pas vraiment ; la connexion intuitive est en lien direct avec une forme de sagesse intérieure. Une sagesse de l'intuition, différente de celle qui est issue d'un processus raisonné. Ses aspects quelque peu irrationnels viennent infléchir l'état psychique et le mental d'une personne, ce qui lui permet de conduire sa vie favorablement, lors des doutes, des inquiétudes ou des peurs qui viennent l'assaillir. Ainsi, là où la raison peut s'avérer être un outil aiguisé du mental, l'intuition, de par sa constitution, peut se présenter comme la résultante de sensations singulières ; la prise en compte conscientisée de ces impressions et perceptions, peut permettre l'éclosion d'une forme intuitive de sagesse.

Le Désir (représentant *le moteur de l'existence*) pour les psychologues, les psychanalystes, semble davantage trouver sa place dans cette voie - celle de la sagesse intuitive - et être par conséquent exclu d'une démarche raisonnée. Pour Spinoza qui porte un regard singulier sur ce concept de Désir, c'est bien la raison (en plus de la volonté) qui va permettre d'agir sur lui, de le réorienter (suite à un appauvrissement de la puissance de la personne), vers un but qui valorisera à nouveau l'âme.

Mais pour le philosophe, la raison accompagne la démarche de sagesse, cette puissance de l'esprit qui permet de gouverner la force des affections et de vivre dans la joie, par la pratique des vertus. Une démarche qui pourrait s'apparenter pour certains à une thérapie, à une entreprise de guérison. Utiliser la puissance de la raison permet de s'opposer à la manifestation d'un désordre émotionnel qui vient anéantir les souhaits de vivre dans une joie souveraine. Le bon usage de la raison, de l'intelligence naturelle singulière suffit à orienter la personne vers un comportement de sagesse qui éloigne la voie des servitudes passionnelles. Une connaissance intuitive associée à une démarche raisonnée ne peut que conduire favorablement vers la résolution d'un conflit émotionnel perturbant. Un sentiment de puissance intérieure émane de cette prise en compte de la raison qui devient porteuse de liberté, d'espérance. L'hygiène spirituelle, en faveur d'une recherche de bonheur, exige de dissiper, de dissoudre *raisonnablement* toutes les formes d'attachement qui viennent parasiter le parcours d'éveil.

S comme Solitude

Quel lien la solitude entretient-elle avec la quête de la sagesse ? Est-elle une condition pour développer cet *art de l'independance* si nécessaire à établir pour vivre sa propre vie d'une manière authentique ? Comment la solitude nourrit-elle la sagesse ou comment la sagesse vient-elle nourrir la solitude ? Faire des retraites spirituelles dans un lieu en marge de la société permet-il de développer un comportement empreint de sagesse ? La solitude génère souvent un sentiment de peur irrationnelle, d'angoisse : tentons d'approcher dès lors ce qui effraie, dans ce face-à-face avec soi-même.

La solitude semble faire peur ; elle renvoie à la séparation originelle, cette blessure qui marque un nombre important d'individus, pour le restant de leur vie et qui se situe bien au-delà de la seule séparation physique. L'état de solitude se construit avec plus ou moins de cohérence, suivant les conditions qui l'accompagnent et la personnalité de l'enfant, de sa mère, de son substitut. Le petit Etre est obligé de vivre des situations émotionnelles imposées, au coeur desquelles une part de solitude non choisie, récurente, insistante et parfois pénalisante vient nécessairement s'installer. Adulte, il est possible de mieux la vivre, en la considérant de manière différente et moins pénalisante puisqu'une certaine prise sur l'existence est envisageable. Ainsi, il est possible d'intervenir sur son maintien provisoire ou installé, dans le but de ne plus porter (en soi) un sentiment permanent de tristesse et de ne plus ressentir cette sensation d'isolement qui nait bien souvent à partir d'un état de solitude.

Adulte, il est possible de davantage l'accepter sachant qu'il y a possibilité réelle d'être relié, d'une manière ou d'une autre, à d'autres personnes, dans un temps rapproché ou plus lointain. Confrontée à un sentiment de rejet ou de mauvaise acceptation au sein de ses pairs (lors de ses premières années), la personne adulte peut se retrouver dans des contextes de vie qui lui demanderont d'intégrer et de dépasser cet état de dévalorisation. La répétition de ce type de situation peut réveiller la blessure d'âme originelle, parfois d'une manière intense, surtout si elle n'a pas éte suffisamment considérée au fil du temps et des expériences similaires.

Une recherche de bien-être personnel, à l'écart de la société, peut dès lors s'en suivre notamment si la personne peut exploiter une composante de sa personnalité afin de rester en lien avec la créativité. Dans un contexte favorable, des études peuvent être menées, de même qu'un travail personnel sur soi, afin d'admettre cette situation douloureuse et de la transmuter positivement dans un contexte sécure. L'écriture, la musique, la peinture, le recueillement spirituel ou religieux peuvent émerger de cette situation transcendée, avec l'aide de personnes bienveillantes et compréhensives. Il s'agit de ne pas se refermer sur soi mais de se construire, en autonomie, en bien-être personnel, en joie active, grâce à une meilleure gestion de vie, à une quête de sérénité, à des découvertes actives.

Bien souvent, la solitude est vécue comme un fardeau ; pourtant, le fait de se retrouver seul permet d'entrer en soi, de s'écouter véritablement, de (re)prendre conscience de ses propres besoins et envies. C'est le moment où il est possible enfin d'écouter ce que l'âme murmure sobrement. Lorsqu'on alimente la peur de se retrouver seul avec soi-même, on envoie inconsciemment un message d'isolement envers la société.

L'erreur serait de croire que nous ne pouvons pas exister sans les autres, sans l'Autre. La solitude ne doit pas être évitée, repoussée : elle demande simplement à être apprivoisée. Elle doit devenir un moment clé où l'on peut faire de soi-même son meilleur ami, son allié, son confident, son guide. Ce n'est qu'en se retrouvant seul avec soi que l'on peut faire ou cultiver la paix en soi ; car c'est dans le silence que l'on se découvre, que l'on apprend véritablement à (s')aimer, à recréer une sécurité intérieure qui faisait défaut. Lorsque l'on est seul, il n'y a plus de rôle à jouer, il n'y a personne à séduire ou à convaincre ; on peut être libre d'être qui l'on est, authentiquement, sans masque.

Le fait d'être entouré de nombreuses personnes ne met pas fin à la solitude : c'est le fait d'être en amour avec soi-même qui libère du sentiment de manque. En apaisant cette blessure engendrée par la séparation et non pas en luttant contre elle, la solitude viendra se dissiper et laissera place au silence, à la quiétude ; dès lors, une paix véritable pourra entrer dans l'univers personnel. Un être humain qui est heureux avec lui-même est toujours en paix ; il embrasse la solitude avec joie car il la considère comme un temps enrichissant ; il sait que le bonheur ne viendra pas de l'extérieur mais de son propre intérieur. Dès lors que l'on apprécie sa propre compagnie, on ne se place plus dans une incessante recherche mais dans l'accueil : celui des relations équilibrées, entières car non soumises à des attentes. Plus la solitude sera appréciée, savourée, plus l'état de manque s'effacera. Si la peur d'être seul se dissipe, la personne ne peut plus attirer la vibration de la tristesse et du rejet. L'importance du silence intérieur vécu en solitaire est essentiel pour accéder à la lucidité ; celle-ci reste nécessaire pour prendre de la distance avec ses émotions.

Se réconcilier peu à peu avec la solitude et ses ressentis permet à l'homme de s'engager plus sainement dans une entreprise de connaissance de soi, de création de sa propre existence. Vivre en intégrant positivement des espaces de solitude permet de développer un comportement empreint de davantage de lucidité, de conscience sur sa propre vie, de s'engager vers une quête personnelle de sagesse. *Il n'y a que l'amour et la solitude qui comptent*, nous rappelle André Comte-Sponville, dans son ouvrage *L'amour et la solitude.*

T comme Tempérance

Elle est une vertu éthique, morale, qui modère l'attrait aux plaisirs, écrit Adolphe Tanquerey, dans son *Précis de théologie ascétique et mystique,* publié en 1924. Sans doute la tempérance s'inscrit-elle de nos jours dans un système plus complexe. Si cette vertu est l'aptitude à faire primer la raison sur la passion, elle abandonne le contexte religieux pour devenir un modèle de société, notamment économique. Cependant, nous aborderons ici, dans ce court texte, l'évocation de la tempérance au sein d'un contexte de vie plus personnel, plus intime. Dans la philosophie platonicienne, elle constitue avec le courage, la sagesse et la justice l'une des quatre vertus cardinales d'un Homme raisonnable.

La tempérance est en lien avec la doctrine d'Epicure. On peut même dire qu'elle est une vertu essentielle au système épicurien. Car pour le philosophe, la finalité c'est bien le bonheur et non le plaisir. Or, pour obtenir ce bonheur, *il faut rejeter les plaisirs qui se contredisent eux-mêmes et contredisent la raison de celui qui les poursuit, plaisirs qui conduisent par la suite à la douleur.* Jean-Marie Guyau, philosophe considéré comme le

Nietzsche français, a écrit dans son ouvrage *La morale d'Epicure,* publié en 1927, cette réflexion au sujet de la tempérance : *dans toute doctrine qui n'est pas proprement celle du plaisir, mais de l'utilité, la tempérance, le calcul tempérant est vertu fondamentale.* Pour André Comte-Sponville, cette notion, cette qualité humaine est une puissance, une vertu humble. Dans son *Petit traité des grandes vertus* paru en 1995, il donne cette définition de l'une d'entre elles, celle qui nous intéresse précisément : *la tempérance est cette modération par quoi nous restons maîtres de nos plaisirs, au lieu d'en être esclaves.* Autrement dit, le philosophe contemporain marche sur les traces de ses maîtres : Epicure, Platon ou Spinoza.

Quand on évoque la tempérance, on pense inévitablement à la notion de plaisir ; et qui pense plaisirs doit nécessairement envisager de penser servitudes. Chez les philosophes c'est davantage la notion de modération qui intervient, notamment celle qui concerne les plaisirs sensuels qui seraient le gage d'une jouissance tangible. Modération ou tempérance permettent de se choisir et de ce fait, d'être aligné avec soi-même. Ainsi, le détachement qui s'opère vis à vis des plaisirs immédiats conduit vers un chemin où le spirituel devient existentiel. Si des choix peuvent s'effectuer, en matière de comportement, grâce à l'intelligence, à la raison, à la volonté, d'autres peuvent également s'établir à partir de l'orientation des désirs vers des cibles qui permettent de grandir en conscience, en maturité.

Mise en place par l'intermédiaire de la raison, la tempérance permet de guider l'humain sur le chemin d'une recherche de sérénité, de bonheur. Elle l'accompagne sur la voie de la sagesse. Le plaisir n'est pas pour autant écarté ; il est pensé, orienté pour nourrir l'âme incarnée. A ce sujet, voici ce que Spinoza écrivait sur le plaisir : *il est donc d'un Homme sage d'user des choses et d'y prendre du plaisir autant que l'on peut sans aller jusqu'au dégoût, ce qui n'est plus du plaisir [...]. Il est d'un Homme sage de faire de faire servir à sa réfection et à la réparation de ses forces, des aliments et des boissons agréables pris en quantité modérée [...] sans aucun dommage pour autrui,* dans l'Ethique IV, scolie de la prop. 45. Humilité et modestie peuvent être associées à la tempérance, tout comme la prudence et le contrôle de soi. Un hédonisme mesuré, raisonné, voilà l'objectif que pourrait viser la tempérance.

V comme Vertu

Nous nous contenterons d'évoquer ici cette notion au sein d'un contexte philosophique et non pas religieux. Il paraît utile en premier lieu de rappeler l'éthymologie du mot vertu : il provient du mot latin *virtus,* lui-même dérivé du mot *vir*, à partir duquel se sont construits viril et virilité. *Vir* servira à nommer l'individu de sexe masculin et *virtus* désignera la force virile et par extension, la valeur, la discipline, opposée donc au courage qui lui reste synonyme d'impulsivité.

Littéralement, la *virtus* est la qualité propre du *vir*, c'est-à-dire du mâle. Sous l'influence de la pensée philosophique grecque, virtus connut une extension et désigna le courage moral nécessaire à l'homme pour accéder à la sagesse. Mais c'est surtout avec la diffusion de la pensée stoïcienne à Rome que l'évolution du mot prit son envol : dans la mesure où le sage stoïcien doit vaincre ses passions pour occuper la place qui lui est assignée dans l'ordre du monde, il convenait de mettre en relief l'énergie que requiert ce consentement. *A partir de ce moment, le mot finit par désigner de façon générale, la rectitude morale par opposition au vitium, qui représente tout ce qui dévie la conduite morale de l'homme,* précise une des encyclopédies en ligne.

On tend souvent à définir la vertu à partir de la passion. Il est pourtant possible de la considérer elle-même en énonçant qu'elle représente chez une personne ce qui fait sa valeur, autrement dit *son excellence propre,* comme le dit si bien André Comte-Sponville. La vertu d'un humain, c'est la puissance spécifique qu'il a à affirmer cette excellence, c'est à dire son humanité mais également sa force d'âme. *La vertu est une manière d'être,* expliquait Aristote, *mais acquise.* Acquise naturellement au contact de ses pairs. Sa définition ainsi se précise : *la vertu, c'est notre manière d'être et d'agir humaninement, c'est-à-dire notre capacité à bien agir.* Montaigne sur ce sujet disait dans ses Essais (III, 13) : *il n'est rien si beau et légitime que de faire bien l'homme et dûment.* Quant à Spinoza, au sein de son Ethique (IV), il définit la notion de cette façon : *par vertu et puissance j'entends la même chose : c'est-à-dire que la vertu, en tant qu'elle se rapporte à l'homme, est l'essence même ou la nature de l'homme en tant qu'il a le pouvoir de faire certaines choses se pouvant connaître par les seules lois de sa nature.* Ainsi, la vertu, c'est la puissance d'humanité qui réside dans celle/celui qui l'incarne ; c'est ce que l'on nomme la *vertu morale* qui fait d'un individu, une personne plus humaine.

Une vertu, les vertus sont donc des valeurs morales, vécues, qui sont incarnées par nos actes. Elles sont singulières, plurielles. Le philosophe Bruno Giuliani a écrit que les vertus sont des *affects de joie, qui expriment notre puissance et s'accompagnent toujours d'un sentiment de liberté, d'unité, d'harmonie.* A l'instar de Spinoza, il différencie cependant les joies : certaines sont passionnelles, d'autres sont vertueuses. Ces dernières portent en elles un caractère plus actif, davantage lucide, raisonnable et mènent vers la liberté de la personne. Elles expriment la perfection de son essence. Quant aux premières, elles maintiennent l'homme sous un état de servitude, de soumission ne permettant pas dès lors de s'affranchir de sa condition.

L'homme vertueux n'est plus celui qui obéissait aux lois morales ou religieuses ; il est celui qui identifie, qui perçoit ce qui augmente son pouvoir, sa faculté d'agir au sein de sa sphère publique et/ou privée.

Z comme Zen

Le zen est un mouvement de pensée bouddhique implanté au Japon au XIIe siècle et hérité d'une forme de méditation implantée en Chine, à partir du Ve siècle ap. J-C. Il peut être défini comme un chemin vers l'absolu, une voie d'épuration, une recherche de l'illumination intérieure mais aussi comme une quête spirituelle, un mode de vie conduisant vers une paix en soi. Sa naissance résulte d'un long cheminement au sein de la pensée chinoise et d'un franchissement d'obstacles variés ; car il remet en cause le vieil équilibre d'antan où sur la scène chinoise, le taoïsme était considéré comme la religion initiale de la Chine.

Il repose sur un principe de base, le tao, et sur une affirmation : la pensée intuitive serait largement supérieure à toute approche intellectuelle de l'univers dans lequel vit l'homme. Le tao arrive à son âge d'or vers 550 av . J-C, avec Lao-Tseu. Il représente l'élan vital qui régit toute chose. C'est sur la base du refus d'intellectualisation que vont apparaître les prémices de ce qui deviendra plus tard le zen. Cette voie de la sagesse - prônée par le Tâo - se retrouve dans la religion juive, sous le terme de Halaka.

Tout au long des IIIe et IVe siècles ap. J.-C., la pensée de Confucius apparaît comme un frein à l'expression de Soi. Taoïsme et Bouddhisme seront alors considérés comme des opposants. C'est ce système de pensée, le Bouddhisme, qui va dès lors contribuer fortement au développement du zen, qui ouvre la voie au silence, à une plongée spirituelle dans le *non-dit*. C'est le taoïsme (qui considère la flexibilité comme une qualité première), qui avait éliminé la pensée confucianiste (qui emprisonnait l'esprit chinois) mais c'est cependant le bouddisme qui a donné à la Chine une nouvelle structure philosophique. La pensée taoïste est une philosophie de l'opportunité : en ce sens que *le non-agir qu'elle prône consiste à agir en épousant le mouvement de la vie*, précise Frédéric Lenoir.

On considère que le père spirituel du zen a été Daosheng (360-434 ap. J.-C.). Il a réalisé la synthèse entre le bouddhisme enseignant l'union avec le Vide et le taoïsme valorisant le Tao (la voie à suivre). Mais c'est de l'Inde qu'arriva celui qui diffusera le zen : Bodhidharma, fils d'un roi brahmane, dont il est difficile cependant de présenter une biographie précise de sa vie. Nous savons qu'il rencontra l'empereur Wu (VIe siècle ap. J.-C) et que celui-ci fut décontenancé par la sagesse du maître. Sa venue coïncida avec la montée de la foi bouddhiste en Chine. C'est dans un monastère que le mâitre expérimenta un nouveau mode de conscience et mit en place les fondements de ce qui allait devenir le zen. Là encore, il s'agissait de délaisser l'intellect et l'écrit pour s'en remettre aux vertus spontanées de la pensée intuitive, d'accepter son karma, sa propre trajectoire humaine, de considérer que les souffrances sont en lien avec les servitudes et que de la joie naît le détachement. Ainsi, si l'Homme se dirige vers la béatitude du détachement, il marche alors vers le Tao. C'est plus tard, vers le XIIe siècle, que le zen va se propager vers le Japon pour en faire l'un des piliers spirituels du pays.

Une des grandes leçons qu'enseignent les maîtres du zen, c'est que l'éveil, le retour à la paix mentale originelle, l'accession à l'état naturel de sagesse consiste principalement à se libérer de l'Ego. D'où l'idée de s'appuyer sur sa propre intuition et non pas sur des références extérieures à soi. La pratique zen, avec le silence, avec la méditation dans la posture assise dite de zazen, tente de conduire l'être à un état de conscience vidé des manifestations qui embrument l'Ego. Elle permet de se détacher de son univers conceptuel pour éveiller l'esprit, de méditer sur les Choses sans désir d'action directe, de retrouver l'harmonie simple de l'humain avec la nature. C'est notamment grâce au silence que l'Homme peut percevoir l'essentiel, dans sa propre existence. C'est lui qui donne véritablement un sens intérieur à sa trajectoire dans ce monde. La respiration et la posture zazen (za = assis et zen =

méditation) font également partie des éléments majeurs de la pratique. La justesse du souffle, l'attitude physique qui libère l'esprit sont l'essence même du zen.

Au terme d'une pratique scrupuleuse, alors peut survenir l'éveil ou satori. Il ne peut pas s'apprendre, il ne peut que se vivre. Il marque le simple retour de l'être à sa condition initiale, à son origine la plus essentielle. Le satori est le Vide total (le kû) ; c'est la vacuité soudainement révélée de notre existence. Parce qu'il est réellement une philosophie de la vie, qu'il se veut résolument ancré dans le vécu de l'individu jusqu'à l'épurer au maximum, le zen est purification, le zen est silence, le zen est profondeur.

ANNEXE

PAUL VERLAINE

SAGESSE

La conversion est la notion qui réunit ces deux hommes, Spinoza et Verlaine. Cependant, chez le poète, elle prend un tout autre aspect : elle vient s'appliquer sur le domaine de ses croyances. La conversion est un acte volontaire ; elle est le refus d'une vie empirique et banale qui allie l'ennui, la servitude et la souffrance ; elle est le passage d'une passivité des pensées, des désirs à l'activité de ses pensées et de son Désir. Le titre du recueil de Paul Verlaine reflète l'idée d'une poésie de la maturité. Les poèmes ont été écrits à l'époque de son incarcération en Belgique (1873-1875) et après sa libération. Un thème s'en dégage : celui du cheminement spirituel du poète, dans une période difficile de sa vie. Séparé d'Arthur Rimbaud, il subit en 1874 le divorce avec sa femme et se trouve plongé dans une profonde solitude. Repenti de sa vie dissolue, il se convertit au catholicisme, voie par laquelle il espère trouver enfin le bonheur. Il perçoit sa conversion, comme un acte de sagesse. Elle lui redonne l'espoir et le désir de se relever.

Sagesse est le titre d'un recueil poétique (le cinquième) en vers écrit par Paul Verlaine et publié en novembre en 1880 à la Société générale de librairie catholique. Il contient quarante-huit poèmes et sera publié après un retrait de six ans de la vie artistique. Il inaugure un ensemble de trois recueils religieux qui seront des échecs critiques et commerciaux. L'ouvrage revient sur son parcours douloureux avant de montrer sa transformation, sa reconversion mystique, religieuse. Un changement radical de vie s'en est suivi par la suite ; il ne fut pas seulement religieux mais également politique. Quand Verlaine fit paraître le volume, en décembre 1880 chez un éditeur catholique, il s'attacha à souligner la rupture que ces vers nouveaux amenaient à son œuvre ; ce fut l'incompréhension qui prévalu parmi les lecteurs. Quinze ans plus tard, à sa mort, *Sagesse* deviendra le recueil le plus reconnu pour sa verve poétique.

Voici trois poèmes extraits du recueil :

Sagesse d'un Louis Racine, je t'envie !
O n'avoir pas suivi les leçons de Rollin,
N'être pas né dans le grand siècle à son déclin,
Quand le soleil couchant, si beau, dorait la vie,
Quand Maintenon jetait sur la France ravie
L'ombre douce et la paix de ses coiffes de lin,
Et royale abritait la veuve et l'orphelin,
Quand l'étude de la prière était suivie,
Quand poète et docteur, simplement, bonnement,
Communiaient avec des ferveurs de novices,
Humbles servaient la Messe et chantaient aux offices,
Et, le printemps venu, prenaient un soin charmant
D'aller dans les Auteuils cueillir lilas et roses
En louant Dieu, comme Garo, de toutes choses !

Beauté des femmes, leur faiblesse, et ces mains pâles
Qui font souvent le bien et peuvent tout le mal
Et ces yeux, où plus rien ne reste d'animal
Que juste assez pour dire : « assez » aux fureurs mâles
Et toujours, maternelle endormeuse des râles,
Même quand elle ment, cette voix ! Matinal
Appel, ou chant bien doux à vêpre, ou frais signal,
Ou beau sanglot qui va mourir au pli des châles...
Hommes durs ! Vie atroce et laide d'ici-bas !
Ah ! que, du moins, loin des baisers et des combats,

Quelque chose demeure un peu sur la montagne,
Quelque chose du cœur enfantin et subtil,
Bonté, respect ! Car qu'est-ce qui nous accompagne,
Et vraiment, quand la mort viendra, que reste-t-il ?

O vous, comme un qui boite au loin, Chagrins et Joies,
Toi, cœur saignant d'hier qui flambes aujourd'hui,
C'est vrai pourtant que c'est fini, que tout a fui
De nos sens, aussi bien les ombres que les proies.
Vieux bonheurs, vieux malheurs, comme une file d'oies
Sur la route en poussière où tous les pieds ont lui,
Bon voyage ! Et le Rire, et, plus vieille que lui,
Toi, Tristesse noyée au vieux noir que tu broies,
Et le reste ! - Un doux vide, un grand renoncement
Quelqu'un en nous qui sent la paix immensément,
Une candeur d'âme d'une fraîcheur délicieuse…
Et voyez ! notre cœur qui saignait sous l'orgueil,
Il flambe dans l'amour, et s'en va faire accueil
A la vie, en faveur d'une mort précieuse !

NOTES

1. Anne Cheng, *Histoire de la pensée chinoise.* Ed. Points/essai, 2014
2. Romain Rolland et Sigmund Freud, qui ont entretenu une correspondance régulière, ne se sont rencontrés qu'une fois.
3. Robert Misrahi, philosophe, spécialiste de Spinoza. Penseur de la joie et de la constrution du bonheur.
4. *Philosopher et méditer avec les enfants.* Ed. Albin Michel, 2020
5. Bruno Giuliani. Auteur de *Le bonheur avec Spinoza.* Ed. Almora. 2017
6. Il s'agit de Frédéric Lenoir. Il a écrit notamment *La puissance de la joie.* Ed. Hachette, 2017
7. Nicolas Go *L'art de la joie*
8. André Comte-Sponville. *La solitude.* Ed. Le livre de poche, 2004
9. Jean-Claude Baudet, (1944-2021), étudie le problème de la connaissance selon l'approche épistémologique historique

10. François Cheng, Ecrivain français, d'origine chinoise, membre de l'Académie française a écrit des nombreux romans et essaissur la pensée et l'esthétique notamment.

11. Juan Vicente Cortès, chercheur et enseignant, auteur également de Spinoza, *La raison à l'épreuve de la pratique*. Ed. Publication de la Sorbonne, 2013

12. Fabrice Midal, philosophe qui propose une approche laïque de la méditation bouddhique

13. L'âme représente notre vraie réalité, notre conscience, notre véritable raison d'être, le vrai JE ou le vrai soi. Dans la tradition indienne, on distingue l'âme individuelle, en constante évolution et l'âme universelle ou cosmique, davantage en lien avec l'enveloppe (appelée *kosha* ou bien encore corps énergétique) de la béatitude et de la joie éternelle nommée *anandamaya kosha*. Lorsque l'âme, cet être intérieur ou psychique, est éveillée, sa lumière irradie vers l'extérieur. La conscience élargie s'installe, éloignant la souffrance ; une expérience difficilement descriptible d'une fusion avec plus grand que soi prend forme, au-delà de toute imagination ; une expérience de lumière.

14. Arnaud Desjardins. *Premiers pas de sagesse.* Ed. Flammarion, 2018

15. *Le miracle Spinoza*. Ed. Fayard, 2017

16. Le TTP est le seul ouvrage publié par Spinoza de son vivant

17. Nicolas Go, philosophe, très proche des sagesse indiennes

18. Le mot divin a ici une signification plus vaste que celle qui est habituellement retenue ; il est synonyme d'Etre, de Nature, d'infini, de Vie, de Source éternelle, de Conscience, d'Esprit ou d'absolu. Il n'est pas en lien avec une personne mais représente la réalité en soi, la présence même de l'être.

19. Martin Steffens, philosophe, a écrit notamment sur Nietzsche, sur Simone Weil dont il est un des spécialistes

20. André Comte-Sponville, *Le bonheur désespérément*. Ed. J'ai lu, 2003

BIBLIOGRAPHIE

Brague René, *La sagesse du monde,* Le livre de poche, 2002.
Buisson Jean-François, *La philo un art de vivre,* Ed. Cabedita, 2021.
Cortès Juan Vicente, *La notion de jouissance chez Spinoza,* Ed. de la Sorbonne, 2022.
Deleuze Gilles, *Spinoza philosophie pratique,* Ed. de minuit, 2003.
Desjardins Emmanuel, *Spiritualité de quoi s'agit il ?,* Ed. La table ronde, 2010.
Dyer W. Wayne (Dr), *Le virage,* Ed. Trédaniel, 2011.
Epicure, *Lettres, maximes, sentences,* Le livre de Poche, 1994.
Foucault Michel, *Le discours philosophique* (1966), Ed. Gallimard, 2023.
Giuliani Bruno, *Le bonheur avec Spinoza,* Ed. Dervy, 2011.
Go Nicolas, *L'art de la joie,* Ed. Le livre de poche, 2012.
Hadot Pierre, *La philo comme manière de vivre,* Ed. Albin Michel, 2001.
Henry Michel, *Le bonheur de Spinoza,* PUF, 2004.

Jaquet Chantal, *Spinoza à l'oeuvre*, Ed. De la Sorbonne, 2017.

Lenoir Frédéric, *La puissance de la joie*, Ed. Le livre de Poche, 2017.

Misrahi Robert, *Spinoza une philosophie de la joie*, Ed. Entrelacs, 2016.

Moreau Pierre François, *Spinoza état et religion,* Ed. ENS Lyon, 2006.

Ramond Charles, *Introduction à Spinoza*, Ed. La découverte, 2023.

Rosset Clément, *La force majeure (la joie)*, Ed. De minuit, 1983.

Spinoza Baruch, *L'Ethique (1677)*, Ed. Le livre de poche, 2011.

Suhamy Ariel, *Spinoza,* Ed. Du cerf, 2020.

Terence Mathieu, *Petit éloge de la joie*, Ed. Gallimard, 2011.

Yalom Irvin, *Spinoza,* Ed. Le livre de poche, 2014.

TABLE DES MATIERES

Préambule..7
Introduction...15

I- L'expérience du déracinement......................25
II-Théorie et pratiques philosophiques................67
III- La sagesse, une thérapeutique....................125

Conclusion..193
Epilogue...201
Abécédaire...219

Annexe..277
Notes..283
Bibliographie..287

La sagesse : l'essentiel en trente mots :

Acceptation/Foi

Renoncement/Convoitises

Détachement/Lâcher-prise

Introspection/Pleine conscience,

Compréhension/Introspection

Autonomie/Indépendance

Autosuffisance

Paix/Sécurité intérieure

Santé/Décryptage des maux/Guérison

Philosophie/Eveil/Joie

Consentement/Libération/Délivrance de l'âme

Acceptation de la solitude/Créativité

Amor Fati

Individuation/Dissolution de l'ego

© 2024 Jean-Luc Netter

Édition : BoD · Books on Demand GmbH,

In de Tarpen 42, 22848 Norderstedt (Allemagne)

Impression : Libri Plureos GmbH,

Friedensallee 273, 22763 Hamburg (Allemagne)

ISBN : 978-2-3224-7895-8

Dépôt légal : Novembre 2024